Otto Bremer

Germanisches - 1. Teil

Otto Bremer

Germanisches - 1. Teil

ISBN/EAN: 9783743499638

Hergestellt in Europa, USA, Kanada, Australien, Japan

Cover: Foto ©ninafisch / pixelio.de

Weitere Bücher finden Sie auf **www.hansebooks.com**

GERMANISCHES Ē.

ERSTER TEIL.

DIE LAUTGESETZLICHE ENTWICKLUNG DES IDG. Ē IN DEN ÄLTESTEN GERMANISCHEN SPRACHEN.

INAUGURAL-DISSERTATION

ZUR ERLANGUNG DER DOCTORWÜRDE

DER PHILOSOPHISCHEN FACULTÄT

DER

UNIVERSITÄT LEIPZIG

VORGELEGT

VON

OTTO BREMER

AUS STRALSUND.

HALLE a. S.

DRUCK VON EHRHARDT KARRAS.

1885.

Diese dissertation bildet den ersten teil der abhandlung des verfassers 'Die lautgesetzliche entwicklung des idg. e in den ältesten germanischen sprachen', welche vollständig der philosophischen facultät der universität Leipzig vorgelegen hat und im XI. bande der 'Beiträge zur geschichte der deutschen sprache und literatur' erscheint. Ebendaselbst wird auch der zweite teil der ganzen abhandlung über 'Germanisches $\bar{e}$' erscheinen, welcher betitelt ist: 'Der idg. ablaut $\check{e} - \bar{o} - \bar{a}$ im germanischen'.

Seinen lieben eltern

widmet

dies sein erstlingswerk

in treuer liebe

der verfasser.

GERMANISCHES *Ê*.

Diese abhandlung soll ein beitrag zur geschichte des indogermanischen ē sein. Indem ich von der ansicht ausgehe, dass
die erkenntnis einer indogermanischen spracherscheinung mehr
gefördert wird durch eine genaue und möglichst umfassende
untersuchung dieser erscheinung in einer einzelnen idg. sprache
als durch eine zusammenstellung aus verschiedenen sprachgebieten, möchte ich die geschichte des idg. ē-lautes vom boden der
germanischen sprachen aus verfolgen, welche ja für fragen aus dem
gebiete des vocalismus besonders ergiebig sind. Freilich muss
dieser boden selbst ein sicherer sein. Bevor ich daher die
frage zu beantworten versuche: was lässt sich aus dem germanischen für die stellung und entwicklung des ē innerhalb des
idg. vocalismus schliessen? ist es zunächst meine aufgabe, die
lautgesetzliche entwicklung des ē in den germanischen sprachen
zu verfolgen. Ich habe mich dabei auf die ältesten sprach-
stufen beschränkt: gotisch, altnordisch, angelsächsisch, altfrie-
sisch, altsächsisch, althochdeutsch. Nur gelegentlich habe ich auf
neuere sprachen bezug genommen.

1.

DIE LAUTGESETZLICHE ENTWICKLUNG DES IDG. *Ē* IN DEN ÆLTESTEN GERMANISCHEN SPRACHEN.

Man unterscheidet im germanischen bekanntlich zwei etymo-
logisch verschiedene ē-laute: dem einem entspricht got. ê, anord.
á, ags. ǽ, afries. ê, nsächs. á, ahd. á; dem anderen entspricht
got. ê, an. é, ags. ê, afr. ê, as. ê, ahd. ê, später *ea, ia, io*. Nur
dem ersteren laute gilt diese untersuchung.

1

I. Spontaner lautwandel.

A. In betonter silbe.

1. Urgermanisch.

Schon die von einander unabhängige, gleichmässige entwicklung des lautes im altnordischen einerseits und im ahd. und altsächs. andrerseits scheint darauf hinzuweisen, dass der *ē*-laut im urgermanischen einen dem *ā* nahe liegenden klang hatte. Bei etwaiger annahme eines urgermanischen geschlossenen *ē* müsste man voraussetzen, dass sich sowol im norden wie in Deutschland dies erst zu einem offenen *ē* und dann zu *ā* entwickelt habe. Bei der annahme eines offenen *ē* für das urgerm. erscheint dieser lautwandel einfacher, indem so der weg zum *ā* erheblich abgekürzt wird. Jedenfalls setzt das altnordische sowie das althochdeutsche und altsächsische zunächst ein offenes *ē* voraus. Auch das angelsächsische weist auf ein urgerm. offenes *ē* hin; denn es ist, wie ich später zeigen werde, trotz der erörterungen von Sievers und Kluge sehr wol glaublich, dass das ags. *ǣ* unmittelbar den germanischen laut fortsetzt, nicht erst aus einem als westgermanisch anzusetzendem *ā* neu entwickelt ist. Das altfriesische kann für die qualität des *ē*-lautes im urgerm. nichts beweisen, solange der phonetische wert des afr. *ē* selbst noch nicht festgestellt ist. Das gotische *ē*, welches sicher ein geschlossenes war, mit einer starken hinneigung nach *ī* hin, kann mit gleichem rechte auf ein offenes wie geschlossenes *ē* zurückgehen; denn diese sprache weist auch sonst für ursprünglich geschlossene und offene laute nur den geschlossenen auf. Möglichenfalls hat das gotische noch eine spur eines urgerm. offenen *ē* bewahrt in den vielbesprochenen formen *saian*, *vaian*; näheres darüber s. s. 51 ff.

Die deutschen eigennamen bei den griechischen und römischen schriftstellern geben keinen aufschluss über die qualität des *ē*-lautes. Die ältesten hierhergehörigen namen, diejenigen mit nebentonigem *ē* eingeschlossen, sind folgende: *Segimerus* (d. i. *Ségi-mēr* siegberühmt) Tac. ann. I, 71; *Sigimerus* Vell. Pat. II, 118; *Σεγίμηρος* Strabon VII, 1, 4; *Σηγίμερος* Cass. Dion LVI, 19. *Actumerus* (d. i. *Áχtu-mēr*[1]) durch die verfolgung des

---

[1] Von *āht-* (vgl. Kluge, Etym. wb. unter 'Acht') wegen ags. *ōht-*

feindes berühmt) Tac. hist. VII, 472; IX, 223; *Catumerus* Tac.
ann. XI, 16; *Οὐχρόμηρος*[1]) Strabon VII, 1, 4. *Inguiomerus* (d. i.
**Ingŭ̯ia-mēr*) Tac. ann. I, 60. *Χαριόμηρος* (d. i. **Xar̯ia-mēr*
heerberühmt) Cass. Dion LXVII, 5. *Verritus* (d. i. *Uēr-riϑ[2]))
Tac. ann. XIII, 54. Dies sind westgermanische eigennamen
aus dem ersten jahrhundert unserer zeitrechung. Hierher gehört auch der schon bei Caesar überlieferte völkername
Suebi, Σουῆβοι und wahrscheinlich auch *Cherusci*[3]), *Χαιρουσ-*

here, nicht mit J. Grimm, Gesch. der deutschen sprache, s. 580 = ahd.
*Ahtumâri genere clarus.

  [1]) *Actumerus, Catumerus* und *Οὐχρόμηρος* bezeichnen dieselbe
person. Die beiden letzteren namen werden entstellungen des ersten
sein. Vgl. J. Grimm, Gesch. der deutschen sprache, s. 580, Müllenhoff,
Haupt's zeitschrift IX, 223 f.

  [2]) Wegen -*riϑ* s. s. 7, anm.

  [3]) Die auffindung der etymologie des namens Cherusci muss mit
der klarlegung des wortstammes beginnen. Bei der üblichen ableitung
von got. *hairus* 'schwert' gehört das *u* zum stamme; als suffix bleibt -*sk*.
Nun kennen wir aber im germ. kein suffix -*sk*, sondern nur -*isk*, wo-
neben mit J. Grimm, Gramm. II, s. 372 f. vielleicht -*ask* anzunehmen ist.
heru + *isk* hätte nur *herwisk oder *herjisk ergeben können. Ausschliess-
lich auf grund des überlieferten *Cherusci* ein suffix -*usk* anzunehmen mit
J. Grimm, Gramm. II, s. 377, sind wir meines erachtens nicht berechtigt;
übrigens würde *heru* + *usk* auch schwerlich *herūsk sondern wahrscheinlich
*herwusk oder *herjusk ergeben haben. Es bleibt also als einzige möglich-
keit, *Cherus-ci* abzuteilen. Der stamm *cherus-* kann nur ein *es*-stamm sein.
Die *es*-stämme zeigen neben dem gewöhnlichen -*es*, -*is* auch -*uz* als
stammbildendes suffix, so ags. *sigor, hálor, salor, dŏχor* u. s. w., ahd. *akus,
hakus, nikus*; vgl. J. Grimm, Gramm. II, s. 274 und Paul, Beitr. VI, 187—189.
Durch ausgleichung entstanden -*iz*, -*us* neben lautgesetzlichem -*is*, -*uz*.
Ich sehe in dem -*uz* den reflex eines idg. sonantischen *s* (*z*), über welches
ich später einmal im zusammenhange zu handeln hoffe. Die tiefstufige
-*z̥*-form war vor betontem suffix lautgesetzlich. *Cherusci: χĕres-* =
Ermunduri: ermen-.

    Um *cherus-* richtig zu deuten, muss man bedenken, dass die römi-
schen und griechischen schriftsteller in den ältesten deutschen eigennamen
anlautendes germ. *h* (*χ*) nur vor *a, au, ai* durch *ch*, bez. *χ* widergeben,
dagegen vor *e* durch *h*, bez. spir. asp. Dieser umstand führt darauf, in
dem *e* von *Cherusci* kein kurzes *e* zu sehen, welches im ältesten germ.
bekanntlich ein geschlossenes war, sondern ein offenes *ē*, welches dem
ä so nahe gelegen haben muss, dass es voraufgehendes *χ* nicht palatalisieren
konnte. Also ergibt sich germ. **χĕres-*, **χĕruz-* als der gesuchte stamm.
Ein solcher ist aber nicht nur durch theoretische erwägungen zu erschliessen, sondern er ist tatsächlich vorhanden. Ahd. *hår* hat im plural

χοί Ptol., Χηροῖσχοι Strabon, Χέρουσχοι Cass. Dion (vgl. Σι-
γίμηρος richtig bei Strabon gegen Σηγίμιρος bei Cass. Dion).
Ob auch *glesum* bei Tac., *glaesum* und *Glaesaria* bei Plin. mit
germ. *ē* anzusetzen ist, darüber vgl. s. 15 f. Die Römer schrie-
ben in allen diesen eigennamen *e*, weil ihr *ae* einen diphthon-
gischen lautwert hatte und schon für germ. *aj* vergeben war,
vgl. *Caesia* = ahd. *Heisi*, *Boiohaemum* = ahd. *Bêheim*, *gaesum*
— ahd. *gêr*, entsprechend griech. *αι* in *Βουλαιμορ*, *Χαῖμα*,
Ἀριό-γαισος u. s. w.

Für das urgermanische pflegt man eine anzahl germanischer lehnwörter im finnisch-lappischen in anspruch zu nehmen.
Bei Thomsen-Sievers, Ueber den einfluss der germ. sprachen auf
die finnisch-lappischen sind s. 48 die beispiele zusammengestellt
für die vertretung von germ. *ē*, an. *á* durch *ā* im finn.-lapp.
Keins dieser fremdwörter weist indes mit notwendigkeit auf
eine zeit der entlehnung, welche vor der annahme der speciell
nordischen lautformen läge. Aelter sind offenbar die beiden
wörter, in welchen einem germ. *ē* im finn.-lapp. *ie* < geschl. *ē*
entspricht: finn. *miekka*, lapp. *miekke* = got. acc. sing. *mêki*;
finn. *niekta*, lapp. *neuta* = got. *nêþla*. Leider ist es um die
etymologie dieser wörter sehr übel bestellt. Das erstere steht
in dringendem verdachte, aus dem finnischen entlehnt zu sein,
einmal weil die finnischen völker eine besondere kunstfertigkeit
in der herstellung von waffen besessen haben, ferner weil das
germanische wort im indogermanischen sprachschatze kein
unterkommen findet, dann weil slav. *mičі* ein finnisches fremd-
wort ist, endlich weil das wort im germ. selbst von einem
volke zum andern gewandert zu sein scheint; denn will man
nicht ags. *mêce* < *môci* gegenüber got. *mêki*, an. *mækir*, as.
mâki durch die stammabstufung *ē* — *ō* erklären, so muss man
annehmen, dass die Angeln, welche vor ihrer auswanderung

---

auch *es*-flexion: *hárir*, und dieses *hárir* ist genau das verlangte *χέres-*.
Morphologisch erklärt sich also *Cherusci* sehr gut aus ahd. *hār*. Die be-
deutungsentwicklung zu verfolgen ist hier nicht der ort. Schon J. Grimm,
Gramm. I, s. 57 setzte *Chêrusk* = ahd. *hârusk* = pilosus, freilich, indem
er *hâr-usk* abteilte.

Wenn diese etymologie von *Cherusci* die richtige ist — und es ist,
soviel ich sehe, die einzige, welche das germanische bietet — so könnte man
auch die schreibung *Χαιρονσκοί* bei Ptol. für den offenen *ē*-laut geltend
machen.

nach Britannien ja an völker grenzten, die mit den Goten
stammverwant waren, das schwert (bez. eine besondere art
desselben) von gotischen stämmen erhielten und damit auch
den fremden namen für dasselbe. Ob das zweite der beiden
wörter, welche im finn.-lapp. *ie* = germ. *ē* zeigen, das wort
für 'nadel', ein germanisches wort ist, oder aus dem finnischen
entlehnt, ist schwer zu sagen. Man fasst got. *nêþla* gewöhnlich
als mittels des suffixes *-þla- < idg. *-tlo-* von √ *nē* gebildet auf.
Aber manches spricht dagegen. Zunächst wird die ansetzung
von √ *nē* dadurch zweifelhaft, dass es nur im ahd. ein *nâan*
gibt. Sonst erscheint eine solche wurzel weder in anderen germanischen — das gemeingerm. wort für 'nähen' ist got. *siujan*
— noch in anderen indogermanischen sprachen; denn lat. *neo*
kann, gr. *νέω* muss wegen des *rv* in *ἔννη*, *εὔνητος* auf √ *snē*
zurückgehen. So steht ahd. *nâan* im verdachte aus lat. *nēre* zu
einer zeit entlehnt zu sein, als das germ. *ē* noch nicht zu *ā*
geworden war. Aber selbst zugegeben, es habe neben √ *snē*
im idg. auch √ *nē* gegeben, wie ja ein ähnliches fehlen eines
anltd. idg. *s* allerdings für eine reihe von fällen zugegeben werden
muss [1]), so macht die form got. *nêþla* doch schwierigkeiten. Einmal
ist das wort in allen germ. sprachen femininum, während wir das
durch das suffix idg. *-tlo-* bezeichnete mittel oder werkzeug
sonst als neutrum kennen. Zum anderen würden wir in diesem
worte statt des *e* ein tiefstufiges *a* erwarten, so wie von √ *ṷē*
'weben' ahd. *wadal*, *wedil* gebildet ist. Demnach muss es zum
mindesten als sehr zweifelhaft bezeichnet werden, ob got. *nêþla*
ein echt germanisches wort ist. Dass das lappische an. *nál* [2])
als *nallo* aufnahm, kann nichts für die germanische herkunft
des wortes beweisen. Ich erinnere nur an die schicksale un-
seres 'bivouac', 'fauteuil', 'waggon'. Jedenfalls gehört die geschichte des finn. *ie* in *miekka*, *niekla* zunächst in die finnische
grammatik; ohne weiteres können wir dies *ie* nicht für die
phonetische feststellung des urgerm. *ē*-lautes verwerten.

Alles, was ich bisher ausgeführt habe, hat etwas durchaus
beweiskräftiges für den wert des urgerm. *ē* nicht ergeben. Es
gibt aber einen ganz bestimmten beweis dafür, dass das urgerm.

---

[1]) Vgl. Osthoff, Morphol. unters. IV, 329.

[2]) Nach Bugge, Kuhn's ztschr. XX, 139 verhält sich *nál* (got. *nêþla*):
finn. *niekla* = *sâld* 'sieb' (got. *sêdl*): finn. *siekla*.

$\bar{e}$ ein offenes war. Die verschiedene entwicklung in den einzelnen germanischen sprachen zeigt, dass dasjenige urgermanische $\bar{e}$, welches überall als $\bar{e}$ erhalten ist, von dem bisher besprochenen $\bar{e}$ qualitativ verschieden war, und diese verschiedenheit kann nur darin bestanden haben, dass ersteres mehr nach $\bar{\imath}$ hin, letzteres mehr nach $\bar{a}$ hin lag. Das lateinische *mensa* kam in der vulgär-lateinischen gestalt *mēsa* mit geschlossenem $\bar{e}$ zu den Germanen. Wenn nun unser $\bar{e}$ damals ein geschlossenes gewesen wäre, so hätte das $\bar{e}$ in germ. *mēs sich notwendigerweise in den einzelnen germanischen sprachen in gleicher weise entwickeln müssen. Statt dessen gehört das $\bar{e}$ in *mēs zu dem helleren, welches überall geschlossenes $\bar{e}$ blieb. Wenn also das $\bar{e}$ in germ. *mēs nicht mit dem unsrigen zusammenfiel, sondern eine ganz andere entwicklung nahm, so muss letzteres in der damaligen aussprache völlig anders, eben dunkler geklungen haben als das geschlossene $\bar{e}$ in *mēs.[1])

Die annahme eines urgerm. offenen $\bar{e}$ wird auch dadurch gestützt, dass $\bar{e}$, ebenso wie $\bar{o}$, im indogermanischen offen war; die entsprechenden kürzen waren ja auch im idg. sicher offene laute; vgl. Möller, Kuhn's ztschr. XXIV, 511; Osthoff, Morphol. unters. II, 111; Brugmann, Kuhn's ztschr. XXVII, 203. Urgerm. $\bar{e}$ ist also ein unmittelbarer nachkomme des idg. $\bar{e}$.

Ich habe den urgerm. laut als offenes $\bar{e}$ hingestellt, ohne mich darauf einzulassen, ob er wirklich ein reines offenes $\bar{e}$ gewesen ist oder dem $\bar{a}$ näher gelegen hat und etwa wie das $\bar{a}$ im Bremer dialekt gesprochen wurde. Genau wird sich die phonetische geltung des $\bar{e}$ für jene vorhistorische zeit wol schwerlich feststellen lassen; eine untersuchung über den lautlichen wert des ags. $\hat{æ}$ wäre die vorbedingung. Für die folgenden fragen ist es auch ziemlich gleichgültig, zu wissen, ob der urgerm. laut ein reines offenes $\bar{e}$ war, oder wie weit er sich dem $\bar{a}$ näherte.[2])

---

[1]) Einen ähnlichen beweis für die aussprache des urgerm. *o* liefert lat. *Rōma*, welches schon urgerm. *Rāma lautete. Das lat. *o*, welches ein geschlossenes war, fiel also nicht mit dem germ. *o* zusammen; folglich muss letzteres ein offenes gewesen sein.

[2]) Vgl. s. 16, anm. 2.

2. Gotisch.

Das urgerm. offene *ē* ist im gotischen zu einem geschlossenen geworden, welches schon früh eine starke färbung nach *i* hin erhielt. In griechischen eigennamen ist *η* im got. regelrecht durch *e* vertreten, und das griech. *η* hatte zu Wulfila's zeit den wert des geschlossenen *ē*-lautes, welcher sehr nach *i* hin neigte, wie schon daraus hervorgeht, dass *η* in griechischen wörtern gotisch bisweilen durch *i* oder *ei* widergegeben wird; vgl. Gabelentz und Loebe, Ulfilas II, § 23, anm. 2; § 30, anm. 1. Wie nahe das gotische geschlossene *ē* dem *i* lag, zeigt ferner die ziemlich häufige schreibung von *ei* und *i* für *ē*, von *ē* für *ei* und *i*, besonders im ev. Lucas. Die beispiele sind zusammengestellt von Gabelentz und Loebe, II, § 30, 3); § 23, 4); § 25, 3) und von Leo Meyer, Die gothische sprache, § 409 und 449. Bemerkenswert ist, dass der cod. Ambr. B vielfach *e* durch *ei* widergibt, während der cod. Ambr. A *e* hat.

Die verkaufsurkunden von Arezzo und Neapel aus den jahren 540 und 551 zeigen im gotischen texte durchgängig noch *e*: *ufmēlida* mehrmals (einmal *ufmida* verschrieben), *andnēmum* mehrmals, *þizē* mehrmals, *saivē* mehrmals, *vairþizē*, *unkjanē* je einmal. Von eigennamen hat der gotische text *mērila* mit *e*, während der lateinische text *i* zeigt in *mirjca*, für *mirjla* verschrieben.[1]) Offenbar kann der umstand, dass man 551 noch *e* schrieb, nicht beweisen, dass etwa damals noch ein reines geschlossenes *ē* gesprochen wurde. Die gotische orthographie stand nun einmal fest und darf uns nicht in dem beirren, was wir sonst über den lautwandel des *ē* zu *ī* bestimmen können.

---

[1]) Absichtlich habe ich got. *viljariþ*, lat. *uuiljarit*, *optarit*, *guderit* übergangen, weil es sehr zweifelhaft ist, ob dies *-riþ*, *-rit* = got. *-rēd* ist. Das *i* an dieser stelle braucht keineswegs für *e* zu stehn; auch das deutsche kennt ein *rid*, vgl. Förstemann, Altd. namenbuch I, 1054. Weil es richtiger ist, mit geringerem aber sicherem material zu operieren als mit grösserem aber teilweise nicht gesichertem, habe ich auch bei der folgenden aufzählung gotischer eigennamen die auf *-rith*, *-rid*, *-ritus*, *-ridus* lieber fortgelassen, wiewol manches *-rid* ein got. *-rēd* enthalten mag; die entscheidung ist darum nicht möglich, weil nach Dietrich, Aussprache des goth., s. 76 lat. *d* auch für got. *þ* geschrieben wurde.

In der widergabe des got. *ê* in eigennamen schwanken die römischen schriftsteller schon im vierten jahrhundert zwischen *e* und *i*. Ich nenne von älteren gotischen namen folgende[1]):

ê	*i*
Um 390 Ammianus Marcellinus:	
	(376) *Vithimiris* XXXI, 3, 3.
Um 530 Cassiodor, Variae:	
(mitte des 5. jhdts.) *Walamer* XI, 1.	(mitte des 5. jhdts.) *Theudemir* XI, 1.

551 Jordanis[2]), auf Cassiodor zurückgehend:
(c. 328) *Filimer* 60, 13; 61, 1; 64, 6;
89, 8.

(mitte des 5. jhdts.) *Thiudimer* 123, 9; 127, 13. 15. 21; 128, 1. 2; 129, 5; 130, 4. 21; 131, 10. 22. 24; 132, 2. 6. 10. *Thiudemer* 77, 4. *Thiodimer* 130, 16.	*Thiudimir* 77, 5; 123, 7. *Thiudemir* 128, 3. *Theodemir* 44, 30; 45, 1. 4; 109, 19.
(mitte des 5. jhdts.) *Vidimer* 44, 30; 45, 1. 4. 5; 123, 10; 127, 15; 130, 5; 131, 14. *Videmer* 109, 19.	*Vidimir* 77, 4; 123, 7; 128, 3. *Videmir* 127, 13.
(mitte des 5. jhdts.) *Valamer* 44, 29; 122, 15; 127, 14. 17; 129, 5; 130, 4. 10.	*Valamir* 42, 23; 77, 4; 109, 19. 23; 110, 1; 123, 7. 8. 9. 10; 127, 13; 128, 3, 14; 129, 18.

(472 †) *Ricemer* 118, 14; 119, 6.
(485) *Retemeris* 107, 22.

Um 560 Anonymus Valesianus:
(mitte des 5. jhdts.) *Walameris* 9, 42.   *Walamir* 12, 58.

Um 770 Pauli Diaconi hist. Rom., auf ältere quellen zurückgehend:
(mitte des 5. jhdts.) *Thiodimer* 15, 12.
(mitte des 5. jhdts.) *Widimer* 15, 12.
(mitte des 5. jhdts.) *Walamer* 15, 12.   *Walamir* 14, 2; 15, 11.

Der umstand, dass ein und derselbe schriftsteller oft bei der schreibung des gleichen namens zwischen *e* und *i* schwankt, beweist, dass zu jener zeit bereits ein laut vorlag, welcher dem ohre fast wie ein *i* erschien. Wenn neben der schreibung mit

---

[1]) Die angeführten eigennamen haben freilich alle *ê* in nebentoniger silbe. Man könnte denken, dass der nebentonigen silbe lautgesetzlich ein anderer vocal zukäme wie der haupttonigen; aber das scheint nicht der fall gewesen zu sein; vgl. westgot. *Witimer* neben den zahlreichen namen auf *-mirus* und haupttonig *Miro* oder die namen auf *-redus* neben denen auf *-ridus*. Aus dem s. 25 und 30 angeführten grunde können die namen mit nebentonigem *ê* uns auch über das haupttonige *ê* aufklärung geben.

[2]) Seite und zeile nach der ausgabe von Mommsen in den Mon. Germ.

i sich noch lange die mit e erhielt, so sind wir daraus keinen
anderen schluss zu ziehen berechtigt, als dass wir wider einmal einen fall haben, der uns zeigt, wie die orthographie hinter
der aussprache zurückbleibt, wie die schrift conservativer ist
als die lebende sprache. Von welchem zeitpunkte an ein wirk-
liches $\bar{\imath}$ gesprochen wurde, vermögen wir also nicht genau an-
zugeben. Aber schon gegen ende des vierten jhdts., wo wir
meines wissens das erste i belegt finden, muss der in frage
stehende laut sich dem $\bar{\imath}$ so sehr genähert haben, dass ein
römisches ohr $\bar{\imath}$ heraushören konnte. Dietrich, Ueber die aussprache des gotbischen, s. 62—64 hat den got. lautübergang
$\bar{e} > \bar{\imath}$ nach eigennamen chronologisch zu bestimmen gesucht.
Er kommt zu dem ergebnis, dass nach einem kampfe zwischen
$\bar{e}$ und $\bar{\imath}$ letzteres im 7. jhdt. durchgedrungen sei; so auch
Braune, Got. gramm., § 6, anm. 2. Aber das von Dietrich bei-
gebrachte material ist nicht ganz zuverlässig; denn von manchen
dort benutzten eigennamen ist es sehr zweifelhaft, ob sie gotisch
sind, und vielfach ist ein $\bar{e}$ in namen angenommen worden,
welche ein solches durchaus nicht mit sicherheit aufweisen. Deshalb rechtfertigt sich die folgende zusammenstellung von eigennamen, welche den westgot. concilienacten bei Mansi ent-
nommen sind[1]):

$\bar{e}$	$\bar{\imath}$
569	*Rodomirus* IX, 521.
572 *Vvitimer* IX, 841.	
587, 589 *Richaredus, Reccare-*	
dus IX, 972. 977. 989. 1000.	
1014. 1015.	
589	*Hildemirus* IX, 1002.
590 *Recharedus* X, 199.	
597 *Reccaredus* X, 477.	
599 *Reccaredus* X, 481.	
646 *Egeredus* X, 771.	*Recimirus* X, 770.
Theuderedus X, 771.	*Adimirus* X, 771.
653 *Egeredus* X, 1222.	*Filimirus* X, 1222.
656 *Egeredus* XI, 43.	*Recimirus* XI, 42. 43.
675 *Valderedus* XI, 147.	
681 *Reccaredus* XI, 1040.	*Salamirus* XI, 1040.

---

[1]) Auch hier habe ich von den namen auf -*ridus* abgesehn aus
dem s. 7, anm. angeführten grunde. Wegen haupt- und nebentoniger
silbe vgl. s. 8, anm. 1.

ẹ

ı

ẹ	ı
683 *Valderedus* XI, 1076.	*Miro* XI, 1075.
Veremundus XI, 1076.	*Ubadamirus* XI, 1077.
Reccaredus XI, 1077.	*Argemirus* XI, 1077.
	Salamirus XI, 1077.
	Sisimirus XI, 1077.
	Trasimirus XI, 1077.
688 *Valderedus* XII, 21.	*Miro* XII, 21.
	Suniemirus XII, 22.
693 *Vera* XII, 84.	*Mirus* XII, 85.
Auredus XII, 84.	

Wir sehen also, dass noch das ganze siebente jahrhundert
hindurch e geschrieben wurde. Ueberraschend ist, dass i nur
in *mir* geschrieben wird. Dies kann aber keinen lautlichen
grund haben; denn *Veremundus* und *Vera* haben — freilich in
hauptbetonter silbe — e vor r. Es scheint also nur eine ortho-
graphische regel gewesen zu sein, *mir* zu schreiben. Ein
solcher brauch ist aber nur unter der bedingung denkbar, dass
den Goten jener zeit e und i als zwei buchstaben für ein und
denselben laut, nämlich ī, galten. Und das ist sehr natürlich.
Wenn die Goten ī für älteres ē sprachen, in ihrer orthographie
aber das e beibehielten, so musste sich bei ihnen das gefühl
einstellen, den laut ī sowol mit dem buchstaben e als i schreiben zu können. So erklärt sich auch das e in *Reccaredus*,
Recimirus, *Reccesuindus*, *Recila* u. a., namen, welche in ihrem
ersten bestandteile got. *reik-* enthalten.

Wann got. ē zu ī wurde, lässt sich nicht genau feststellen.
So viel scheinen mir aber die schwankenden schreibungen, auf
welche ich s. 7 aufmerksam gemacht habe, im verein mit dem
i in eigennamen des 4. und 5. jhdts. zu beweisen, dass wir das
ē der gotischen bibel nicht mehr als geschlossenes ē lesen dürfen.
Wenn im 6. jhdt. das reine geschlossene ī noch nicht durchgedrungen war, so sprach man wenigstens sicher schon einen über-
gangslaut, etwa ein offenes ī, so wie heutzutage das i vor r im
hochdeutsch des plattdeutschen sprachgebietes gesprochen wird.

Wenn wir für die zeit der Ostgotenherrschaft im zweifel
sein können, wie got. ē gesprochen worden ist, so steht es
durch das zeugnis des Smaragdus fest, dass man um 800 ein
reines i hörte. Smaragdus, der 816 schrieb, führt einige eigennamen als gotisch an, darunter: *Attmir, Gittmir, Ricmir, Rain-*

mir, Watmir. Er fügt hinzu: 'quorum haec est in latinum inter-
pretatio: *Altmir:* namquo vetulus mihi, *Giltmir:* dobitus mihi,
Ricmir: potens mihi, *Rainmir:* nitidus mihi, *Watmir:* vestimen-
tum mihi' (Massmann, Haupt's ztschr. I, 389 f.). Smaragdus, der
die etymologie des -*mir* nicht wusste — er kannte nur -*mâr* —
muss also ein so deutliches *i* an dieser stelle haben sprechen
hören, dass er das wort als ahd. *mir* auffassen konnte.

Endlich zeigt auch das krimgotische die lautgesetzliche
entwicklung des got. *ē* zu *ī*: *mine* 'luna' < got. *mêna, schliepen*
'dormire' < got. *slêpan, criten* 'flere' > got. *grêtan.*

Ueberblicken wir noch einmal die verschiebung, welche
der urgerm. laut des offenen *ē* im munde der Goten durch-
gemacht hat, so erkennen wir als grund, vom akustischen
standpunkte aus: eine neigung zur tonerhöhung, vom physio-
logischen standpunkte aus: eine neigung zur verengung der
bei der hervorbringung des lautes wirkenden mundteile. Derselbe lautliche trieb ist also jahrhunderte hindurch beständig
lebenskräftig gewesen. Der übergang des offenen *ē* zum geschlossenen und weiter zum *ī* bildet nur ein glied in der reihe
der lauterscheinungen, welche diese für die gotische sprache
bezeichnende neigung hervorgebracht hat. Derselbe vorgang
ist es, wenn urgerm. kurzes *e* im got. zu *i* geworden ist.
Derselbe vorgang ist es, wenn das urgerm. offene *ō* im got. zu
einem geschlossenen *ō* wurde mit einer starken hinneigung zum
ū, welches denn auch im krimgot. durchgedrungen ist: *plut,*
stul, bruder. Auch in anderen sprachen können wir ja oft
genug verfolgen, dass ein und dasselbe bestreben nach einer
lautveränderung viele jahrhunderte hindurch fortwirkt —
natürlich unbewusst. Ich will nur an die zwei haupterschei-
nungen des germanischen sprachlebens erinnern, welche sogar
jahrtausende lang wirkten — freilich mit sehr grossen
unterbrechungen: einmal die verschiebung der explosivlaute,
welche erst ihren abschluss in der althochdeutschen lautverschiebung fand — oder vielleicht noch nicht gefunden hat;
denn es scheint, als wenn wir heutzutage am beginne einer
neuen lautverschiebung stehen, wenn wir die lenes tonlos,
die fortes aspiriert sprechen, wie dies im grössten teile des
deutschen sprachgebietes geschieht. Das andere, die germanische sprache kennzeichnende moment ist das logische be-

tonungsprincip, die hauptbetonung der stammsilbe; ein fort-
leben dieses principes ist darin zu erkennen, dass im neu-
hochdeutschen der sonant der betonten silbe — freilich nur,
wenn sie offen ist — gedehnt wird. Eine ganz genaue parallele aber zu dem besprochenen gotischen lautwandel findet
sich im englischen, in welchem das ags. offene $\bar{e}$ (geschrieben *æ*)
zu einem geschlossenen und weiter zu $\bar{i}$ (geschrieben *ee*) ver-
schoben worden ist.

3. Altnordisch.

Urgerm. $\bar{e}$ ist im altnordischen durchgehends zu *á* geworden. Dieser übergang ist sehr alt. Er hat jedenfalls schon
vor dem wirken der an. vocalischen auslautsgesetze statt-
gefunden. Denn unter den finnischen lehnwörtern mit langem
a sind solche, welche auslautendes *i* und *u* noch bewahrt
haben, z. b. finn. *kaali* 'kohl' < *käli* > an. *kál*, finn. *paanu*
'schindel' < *spānu* > an. *spónn, spánn.* Die zwinge von
Thorsbjærg, welche Noreen, Altisl. u. altnorw. gramm., § 5 um 500
oder noch etwas älter ansetzt, weist das erste *á* auf nordischem
boden auf: *mariR* (> an. *mérr*). Das frühere vorhandensein
eines $\bar{e}$ für *á* im altnordischen ist nicht mehr nachweisbar.

4. Anglo-friesisch.

Das angelsächsische und altfriesische ist einander so nahe
verwant, dass beide sprachen zusammen behandelt werden
müssen.

In der anglo-friesischen grundsprache war westgerm. offenes $\bar{e}$ unverändert geblieben; ebenso blieb es im angelsäch-
sischen. Sievers, Beitr. VIII, 88 anm. und Ags. gramm., § 57. 68
nimmt ein westgerm. $\bar{a}$ < germ. $\bar{e}$ an. Da durch die ältesten
deutschen eigennamen bei Griechen und Römern westgerm. $\bar{e}$
ganz unzweifelhaft erwiesen ist, so kann die ansicht von
Sievers nur dahin verstanden werden, dass alle westgermanischen sprachen in ihrem sonderleben aus einem noch gemeinwestgerm. $\bar{e}$ zunächst ein $\bar{a}$ entwickelt haben. Sievers nimmt also
an, dass gemeinwestgerm. $\bar{e}$ sich im anglofriesischen zunächst
in $\bar{a}$ wandelte wie in den anderen westgermanischen sprachen,
und dies dann durch tonerhöhung wider zu $\bar{e}$ wurde. Ich will
im folgenden den beweis zu führen versuchen, dass ags. *æ* eine
unmittelbare fortsetzung des germ. $\bar{e}$ ist.

Zuvörderst ist der eine punkt zu widerlegen, auf den sich Sievers bei der annahme eines vorags. *ā* stützt, die behandlung des *ā* lateinischer fremdwörter. Die hierher gehörigen wörter sind: *strǣt* < *strata*, *cǣse* < *caseus*, *lǣden* < *latinus*. Von diesen haben die beiden letzteren sicher *i*-umlaut; derselbe musste *ǣ* ergeben sowol für ags. *ā* wie *ǣ*. Die vulgärlateinische form, in welcher diese wörter zu den Germanen kamen, war **cā's̨ius* und **lā'dinus*. Aber auch das *ǣ* von *strǣt* kann wegen altnord. *strǣti* nur durch die annahme von *i*-umlaut erklärt werden; es muss neben *strata* (> as. *strāta*, ahd. *strāza*) noch eine vulgärlat. form **strā't̨ia* < **strā't̨ea*¹) gegeben haben. Keins der drei beispiele beweist also den übergang von *ā* zu ags. *ǣ*; sie erklären sich durch *i*-umlaut aus *ā*.

Ich gebe nun die belege für anglo-friesisches *ē* aus der zeit, aus welcher wir noch keine sprachdenkmäler haben.

Das früheste *ē* finden wir im jahre 58 n. Chr. in dem friesischen namen *Verritus* (d. i. *Uēr-rið) Tac. ann. XIII, 54, vielleicht auch in dem bei Plinius und Tacitus überlieferten *glaesum*.

Auch für das zweite jahrhundert n. Chr. lässt sich das bestehen des *ē* ermitteln. Wir wissen, dass ein teil der Angeln schon lange vor der auswanderung der anderen nach Britannien seinerseits nach Nordthüringen zog. Schon bei Ptolemaeus finden wir die Angeln, welche zur zeit des Tacitus in Schleswig wohnten²), nördlich vom Harz zwischen Weser und Elbe. Ihre auswanderung erfolgte also im 2. jhdt. n. Chr. Da nun, wie ich Beitr. IX, 579 ff. gezeigt zu haben glaube, die Angeln an der Elbe in ihrer mundart noch deutliche spuren ihrer früheren sprache bewahrt haben, unter anderem ihr *ē* (*ilêtene* Merseburger glossen 104ᵈ), so können wir schliessen, dass im 2. jhdt. die anglo-friesischen stämme *e* besassen.

---

¹) Vielleicht durch beeinflussung von *platea* aus neu gebildet?
²) Vgl. J. Grimm, Zur geschichte der deutschen sprache, s. 604 ff. und 611. Zeuss, Die Deutschen und die nachbarstämme, s. 153 und 495 f., kann seine ansicht, dass die stammsitze der Angeln an der unteren Saale lagen, nur durch den ganz unzuverlässigen bericht des Ptolemaios stützen und verwirft ohne grund die von ihm selbst a. a. o. angeführten zeugnisse, welche auf Schleswig hinweisen.

Für das 3. und 4. jhdt. könnte man aus Saxo Grammaticus anglische eigennamen mit *ē* anführen, welche sich natürlich auf die Angeln in Schleswig beziehen. Es sind dies: *Amlethus*[1]) 138—161[2]), *Vigletus* 160. 161, *Vermundus* 170. Aber diese namen, welche einer durchaus sagenhaften zeit angehören, als beweismaterial für die sprache jener zeit zu verwenden, sind wir nicht berechtigt; mit sicherheit könnte für die chronologie dieser namensformen höchstens das jahr des Saxo (um 1200) in betracht kommen.

Die übersiedlung der Angeln nach Britannien geschah im 5. jhdt.; sie begann schon zu ausgang des 4. jhdts. Da nun die gleichung ags. *œ* = afries. *ē* gerade ein wichtiges moment zur stütze einer anglo-friesischen grundsprache ist, so dürfen wir für die zeit vor der trennung der Angeln von den friesischen stämmen, für die zweite hälfte des 4. jhdts., ein anglofriesisches *ē* voraussetzen. Es fragt sich, ob der zeitraum von 200 jahren genügt, um zwei so ganz verschiedenartige lautwandlungen wie die von *ē* zu *ā* und die von *ā* wiederum zu *ē* anzunehmen. Solche fragen lassen sich natürlich nicht bestimmt beantworten. Wahrscheinlich ist dies aber keineswegs, und es müssten schon zwingende anderweitige gründe dafür sprechen, wenn wir einen sonst im sprachleben so aussergewöhnlichen vorgang annehmen wollten.

Weil das *ō* vor nasalen, auf welchem die annahme eines vorags. *ā* beruht, sich ebenso im friesischen wie im ags. findet, so folgt eigentlich, dass ein solches *ā* vor die zeit der sprachtrennung fallen müsste. Zum überfluss mag noch erwähnt werden, dass die eigennamen, welche wir aus den ags. urkunden (Kemble) und den concilienacten (Mansi) seit anfang des 7. jhdts. kennen, nur *e* (*ae*) zeigen. Dieser umstand berechtigt vorher zu dem schlusse, dass jahrzehnte vorher schon *ē* gesprochen wurde; denn hätte damals ein *ā* bestanden, so würden wir ein solches wol hier und da in den nächsten jahr-

---

[1]) Der stamm *lēp*- wird derselbe sein, der got. *unlēds* 'arm' zu grunde liegt, und wird 'besitztum' bedeuten. Vgl. *Lathgertha* bei Saxo s. 442—445, fränk. *Lathomarius* (636) Pardessus Diplomata n. 275, *Wulfoledus* (648. 649) Mansi X, 783. 1193 u. a.

[2]) Seitenzahl nach der ausgabe von Müller und Velschow.

zehnten noch geschrieben finden, ebenso wie got. *ē* und fränk. *ē*
noch lange zeit vereinzelt geschrieben wurde, als man schon
got. *i*, fränk. *ā* sprach und auch in der regel schrieb.

Nach dem bisher gesagten können wir vom ersten jahrhundert n. Chr. an kein vorags. *ā* voraussetzen; demnach bliebe
für ein solches nur die vorchristliche zeit übrig. Zu demselben
resultate kommen wir auch auf anderem wege. Das einzige
stichhaltige moment für ein vorags. *ā* ist das *ô* in ags. *môna*,
nômum u. s. w., welches dem *o* in ags. *lond*, *mon* u. s. w. parallel
steht. Beweisend ist diese parallele für die gleiche entwicklung deshalb nicht, weil das *o* in ags. *lond* dem *a* sehr nahe lag,
welches auch für ersteres geschrieben wurde, das *ô* in *môna* aber
wol ein geschlossenes war. Jedoch zugegeben, *lond* < **land* be-
wiese eine gleichzeitige entwicklung *môna* < **mâna*, so müsste
diese wegen *brôhte*, *þôhte* in eine sehr frühe zeit fallen. Denn
der ausfall des nasals in letzteren formen ist allen germanischen
sprachen gemeinsam, fand daher zu einer zeit statt, als noch
sprechgemeinschaft unter den germanischen völkern bestand,
als es noch kein ein sich abgeschlossenen germanischen sprachen
gab mit festen sprachgrenzen, sondern nur in lebendiger beziehung zu einander stehende mundarten; ohne anglo-fries.
brôhte würden wir den ausfall des nasals schon der urgermanischen zeit überweisen. Die entstehung des *o* < *a* in *brôhte*
war aber durch den ursprünglich folgenden nasal bedingt,
geschah also der zeit nach v o r dem ausfall des nasals,
eine erscheinung, welche ihrerseits bereits in die zeit conti-
nuierlicher germanischer spracheinheit fällt. Wir haben ein
moment zur datierung dieses *ô*. Wenn die folgerungen richtig
sind, welche ich Beitr. IX, 579 ff. aus der sprache der Merseburger glossen geschlossen habe, so beweisen *onstândanlica* und
sôn in diesen glossen, dass *on*, *ôn* schon vor der trennung der
thüringischen Angeln von ihren stammesgenossen, also um 100
n. Chr. gesprochen wurde.

Vielleicht lässt sich die entstehungszeit dieses *ô* noch genauer
bestimmen. Die zwei erscheinungen, tonerhöhung des *a* zu *æ*
und verdumpfung desselben vor nasalen zu *o*, sind so verschie-
dener natur, dass dieselben sicher zeitlich ziemlich weit aus
einander liegen. Die tonerhöhung zu *æ* kann nun erst statt-
gefunden haben, als die tonerniedrigung zu *o* bereits einge-

treten war, da die wirkung ersterer sich auf das *a* vor nasalen nicht erstreckt hat, und da ein etwaiges **œn* nur zu **en*, nicht aber zu **on* hätte werden können. *œ* für *a* finden wir aber vielleicht schon zu anfang des ersten jhdts. n. Chr. in dem worte für 'glas'. Plinius, nat. hist. IV, 97 (27) erzählt, dass eine friesische insel wegen des dort gefundenen bernsteins von den römischen soldaten *Glaesaria* geheissen wurde, ein wort, welches die hss. D R a in der gestalt *glesaria* bieten. IV, 103 (30) werden die nordfriesischen inseln *Glaesiae* (*glaesiae* F, *glosiae* P, *glesiae* x) genannt, 'quae Electridas Graeci recentiores appellavere, quod ibi electrum nasceretur'. XXXVII, 42 (11) heisst es vom bernstein, dass er von den Germanen *glaesum* (*glessum* FL, *glassum* a) genannt wurde, und dass daher die Römer die eine dieser bernsteinreichen inseln *Glaesaria* (*glesaria* F, *glessaria* L a) benannten. Bei Tac., Germ. 45 ist *glesum*[1]) das germ. wort für bernstein. Hiernach erscheint es wahrscheinlicher, dass das germ. wort ein tonloses *s* hatte, also = germ. **glas* > ags. *glæs*, afr. *gles* zu setzen ist, als mit tönendem *z*, wie Müllenhoff, Haupt's ztschr. XXIII, 23 es will, = ags. *glǣre* 'baumharz'. Wenn nun aber die anglo-friesischen stämme damals schon *glæs* für germ. **glas* sagten, die tonerhöhung des *a* zu *æ* mithin bereits eingetreten war, so müssen wir den wandel von *a* zu *o* vor nasalen in die vorchristliche zeit zurückverlegen und damit auch den von *â* zu *ô*.

Dadurch dass sowol ags. *ǣ* als auch *ô* vor nasalen, wie gezeigt worden ist, in so frühe zeit hinaufreicht, sind wir gezwungen, das vorags. *â* fallen zu lassen. Denn es ist unmöglich zu glauben, dass zu einer zeit, in welcher eine gemeingermanische sprache herrschte, ein lautwandel *ē* > *ā* > *ē* ungestört in einer mundart hätte vor sich gehen können, die noch nicht in sich abgeschlossen war, sondern in fortwährendem austausch mit den benachbarten sprachgebieten stand. Es kann folglich der combinatorische lautwandel germ. *ēn* > vorags. *ān* > ags. *ôn* nicht einen spontanen lautwandel germ. *ē* > vorags. *ā* beweisen, um so weniger als es noch gar nicht ausgemacht ist, ob ags. *ôn*, *ôm* < germ. *ēn*, *ēm* überhaupt die zwischenstufe *ān*, *ām* voraussetzt.[2])

---

[1]) So alle hss. Müllenhoff ändert *glaesum* nach Plinius.

[2]) Verfolgen lässt sich der weg vom germ. *ēn* zum anglofries. *ū*

Was sonst noch für ein vorags. *ā* geltend gemacht werden könnte, dass vor *n*, seltener auch vor *ʒ* urgerm. *ē* im ags. als *â*, ferner dass *ʒeá* für urgerm. *gē* erscheint, ist nicht beweiskräftig; denn beide fälle sind erst späteren ursprungs; das friesische kennt nur *ê*(*n*), *êy* und *iê*.

Diese erörterungen haben, wie ich glaube, die tatsache festgestellt, dass anglo-friesisches *ē* unmittelbar das westgerm. und urgerm. *ē* fortsetzt.

5. Althoch- und altniederdeutsch.

Die continentaldeutschen mundarten mit ausnahme des friesischen müssen im zusammenhange behandelt werden, weil nicht in jedem einzelnen sprachgebiete germ. *ē* sich selbständig zu *ā* entwickelte, sondern das allgemeine durchdringen dieses lautgesetzes auf grund der lebendigen beziehungen geschah, in welchen die deutschen mundarten zur zeit zu einander standen. Der übergang des germ. *ē* zu *ā* ging vom oberdeutschen aus. Aehnlich wie hier die sogenannte zweite lautverschiebung begann und erst schritt für schritt weiter nach norden drang, oder wie das schwäbische *st* seine herrschaft heute bis an die ostsee ausgedehnt hat, so trat in früherer zeit der lautwandel *ē* > *ā* zuerst in Süddeutschland auf und breitete sich erst allmählich auch über Norddeutschland aus. Während die ahd. lautverschiebung aber nur die sächsische grenze erreichte, umfasste der wandel von *ē* zu *ā* auch das sächsische gebiet und erstarb erst an der friesischen sprachgrenze.[1]) Wir würden diesen vorgang im einzelnen genauer verfolgen können, wenn die quellen reichlicher flössen; aber das vorhandene genügt, um zu erkennen, wie tatsächlich dieser sprachprocess verlaufen ist.

---

nicht mehr. Es ist also eine frage der phonetik, ob *än* als übergangsstufe vorausgesetzt werden muss oder nicht vielleicht *ëⁿn* mit offenem *ëⁿ*. Uebrigens mag bei dieser gelegenheit darauf hingewiesen werden, dass die tatsache des so früh vollzogenen lautgesetzos: germ. *ēn* >− anglofries. *ön* sehr dafür spricht, dass der urgerm. *e*-laut nicht der eines reinen offenen *ë* gewesen ist, sondern sehr weit nach *ā* hin gelegen hat.

¹) Auch im langobardischen und burgundischen ist nach ausweis der eigennamen germ. *ē* zu *ā* geworden. Vgl. J. Grimm, Gesch. der deutschen sprache, s. 690 und Wackernagel, Kl. schriften, III, s. 360 f.

Ich beginne mit dem oberdeutschen. Am frühesten ist
für Baiern ā < germ. ē nachweisbar; etwa um 170 kommen
die beiden markomannischen eigennamen vor: *Marcomarus*,
Aurel. Victor, de Caes. 16 und *Βαλλομάριος*, Petrus Patr. exc.
leg., s. 124 ed. Bonn. Wahrscheinlich kann man diese namensformen schon für das 2. jhdt. in anspruch nehmen. Ganz
sicher ist freilich nur das jahr des autors. Aurel. Victor lebte
in der zweiten hälfte des 4. jhdts., Petrus mitte des 6. jhdts.

Für Schwaben ist ā aus dem 4. jhdt. von gleichzeitigen
schriftstellern bezeugt:

354—371 *Vadomarius*. Amm. Marc. XVIII, 2, 16—18. XIV, 10, 1. XVI,
        12, 17. XXI, 3, 1; 4; 5. 4, 5. XXVI, 8, 2. XXIX, 1, 2. 4, 2. Aurel.
        Victor. epit. 42. *Βαδομάριος*, Zosim. III, 4.
357 *Chnodomarius*. Amm. Marc. XVI, 12, 1; 4; 23—25; 35; 58; 65; 70.
        Aurel. Victor, epit. 42.
357—359 *Suomarius*. Amm. Marc. XVI, 12, 1. XVII, 10, 3; 9. XVIII, 2, 8.
371 *Fraomarius*. Amm. Marc. XXIX, 4, 7.

Merkwürdigerweise erhielt sich der name *Suēbi* noch länger,
vielleicht aber nur in unserer überlieferung. Wenn noch Gregor
von Tours zwischen *Suebi* und *Suabi* schwankt, so werden wir
daraus nur entnehmen können, entweder dass die **Suābōs* von
den Franken, welche zur zeit noch ē besassen, **Suēbōs* genannt
wurden, oder dass wir es mit dem in der zweiten hälfte des
6. jhdts. bei den Franken auch sonst häufigen schwanken
zwischem altem ē und neuem ā zu tun haben, vgl. s. 20 ff.

Auch die Sueben auf der Pyrenäischen halbinsel behandeln
germ. ē wie ihre stammesgenossen in Deutschland; sie nahmen
das ā jedenfalls schon mit. Wenn neben den namen mit ā hier
und da einige mit ī erscheinen, so sind letztere offenbar west-
gotischen ursprungs, ebenso wie die vereinzelten westgot. eigennamen mit ā eigentlich den Sueben angehören werden.

Möglichenfalls — bestimmtes lässt sich darüber nicht mehr
ermitteln — haben die Süddeutschen ihr ā von osten her be-
kommen, wenn nämlich der name der Quaden ein langes *a*
enthält, für welches J. Grimm, Gesch. der deutschen sprache,
s. 507 gute gründe beibringt. Aus dem jahre 216 haben wir in
der gleichzeitigen geschichte des Cass. Dion LXXVII, 20 den
sicher mit ā anzusetzenden quadischen eigennamen *Γαιοβό-*
μαρος.

Es liegt nahe, zu vermuten, dass die eigentliche wiege
des *ā* im lande der Nordsueben, der vorfahren der Oberdeutschen, gestanden hat, etwa in der Mark Brandenburg, dem gebiete der Semnonen; denn auf diese weise brauchte das lango-
bardische und burgundische *ā* nicht besonders erklärt zu werden, sondern fiele — nach dem Schmidt'schen bilde — in den
bereich der hochdeutschen wellenkreise; die Sueben-Schwaben
hätten dann ihr *ā* schon von der mittleren Elbe, die Marko-
mannen-Baiern aus Böhmen mitgebracht. Es wäre nicht unmöglich, dass bereits in der grossen Suebenschlacht des jahres
17 n. Chr., in welcher Cherusker mit namen auf -*merus* mit
den mannen des Maroboduus kämpften, das alte *ē* dem neuen
ā gegenüberstand.

Das bei den Oberdeutschen am frühsten nachweisbare *ā*
ist für die Thüringer aus der ersten hälfte des 6. jhdts. bezeugt in dem namen *Radegundis* Greg. v. Tours s. 111, 7[1])
und sehr oft bei Venantius Fortunatus.

Später kam das *ā* zu den Franken. Ueber das erste
auftreten des *ā* in fränkischen eigennamen hat Jacobi, Beiträge
zur deutschen grammatik, s. 111 f. gehandelt. Ich gebe hier ein
ausführlicheres material[2]):

ē	*ā*
307 *Merogaisus*. Paneg. Constantin.	
Aug. I, 11.[3])	
354 *Teutomeres*. Amm. Marc. XV,	
3, 10.[4])	
388—392 *Marcomeres*. Gregor v.	
Tours 72,17; 74,12. 22; 75,4.[1])	

[1]) Seite und zeile nach der ausgabe von Arndt in den Mon. Germ.
Gregor schrieb bis 591. Wegen seiner quellen vgl. Wattenbach, Deutsch-
lands geschichtsquellen, I, § 8.

[2]) Die jahreszahlen zu den durch geschichtsschreiber überlieferten
namen dürfen, so weit sie bei dieser zusammenstellung berücksichtigt
sind, für die sprachliche form des namens in betracht kommen. Ange-
führt sind zu der betreffenden jahreszahl nur solche namen, welche bei
ziemlich gleichzeitigen schriftstellern überliefert sind oder bei denjenigen
späteren, deren quelle in jene zeit fällt. Selbstverständlicherweise können mit sicherheit nur die jahreszahlen der urkunden geltung haben.

[3]) In demselben jahre verfasst.

[4]) Ammian schrieb um 390.

ẽ   *ã*

411 *Theudomeres.* Greg. v. T. 77, 7.
     epit. 9 und sonst.
Richimeres. Greg. v. T. 77, 7.
u. 480 *Merovechus.* Greg. v. T. 77, 16.
491— 496 *Audefleda.* Jordanis 134,
     11. 16.[1])
494 *Ingomeres.* Greg. v. T. 91, 4.
     epit. 20. gesta reg. Franc. 14.[2])
Albofledis. Mansi \ III, 178.
495—524 *Chlodomeres.* Marii chron.[3])
     Greg. v. T. 91,12; 109,11; 112,
     22; 113, 5. 8; 114, 6; 126, 9. 21.
497 *Albofledis.* Pardessus, Diplo-
     mata n. 59.
499 ?   *Heldradus.* Mon. Germ. Dipl. I, 117, 1.
                                   Bertemarus. Mon. Germ. Dipl. 118,13.
     Gislemerus. Mon. Germ. Dipl.   *Gislemarus.* Mon. Germ. Dipl. 118, 15.
     118, 23.   *Losmarus.* Mon. Germ. Dipl. 118, 20.
                                   Ildemarus. Mon. Germ. Dipl. 118, 31.
510 *Rignomeres.* Greg. v. T. 105, 23.
526   *Odolmarus.* Pardessus, Dipl. n. 108.
                                   Winctmarus. Pard. n. 108.
532 *Chlodomeres.* Greg. v. T. 126,
     9. 21; 128, 19.
533 *Dagaredus.* Pard. n. 118. 119.
Tennaredus. Pard. n. 118. 119.
Viteredus. Pard. n. 118. 119.
Merumvastes. Pard. n. 118. 119.
Meratena. Pard. n. 118. 119.
Friaredus. Pard. n. 118. 119.
Agat(h)imerus. Pard. n. 118.119.
Leuberedus, Leutiberedus. Pard.
     n. 118. 119.
Leudovera. Pard. n. 118. 119.
537   *Inghilmarus.* Pard. n. 128.

---

[1]) Seite und zeile nach der ausgabe von Mommsen in den Mon.
Germ. Jordanis schrieb 551; seine quelle ist Cassiodor um 530. *Audefleda*
auch bei Paulus Diaconus, Hist. Rom. 15, 20; Paulus schrieb um 770;
wegen seiner quellen vgl. Wattenbach, II, § 6. Der Anonymus Valesianus,
der um 560 schrieb, hat schon *Augoflada* 12, 63.

[2]) 725 geschrieben; wegen der quellen vgl. Wattenbach, I, § 10 und
nachträge dazu in band II.

[3]) Marius starb 594; wegen seiner quellen vgl. Wattenbach, I, § 8.
Agathias, der bis zum jahre 560 schrieb, hat s. 14 denselben namen
Χλωθομῆρος.

ē

538

546 *Daumerus*. Mon. Germ. Dipl.
6, 34. 41. 44.

562

c. 562

565 *Merofledis*. Greg. v. T. 160, 20;
161, 5; 162, 11. epit. 56. gesta
reg. Franc. 30.
565—577 *Chlodomeres*. Greg. v. T.
160, 16; 210, 17. epit. 56. Marii
chron.
566 *Beritredus*. Pard. n. 171.
569

573 *Leomeres*. Pard. n. 180.
Frangomeres. Pard. n. 180.
Gundemerus. Pard. n. 180.
Ricomerus. Mansi IX, 868.
574?
577 *Merovechus*. Mansi IX, 875. 878.
Clodomeris. Mansi IX, 876.
577—580 *Merovechus*. Greg. v. T.
192, 5. 18; 202, 21; 203, 11. 23;
204, 19; 205, 1. 10; 209, 12. 21;
211, 20; 215, 4. 5. 15. 16; 239, 35.
578 *Tegredus*. Mansi IX, 916.
Ballomeris. Mansi IX, 916.
581 *Ballomeres*. Greg. v. T. 299, 8.
581—587
585—604

588 *Charimeres*. Greg. v. T. 380, 28.
589 *Berthefledis*. Greg. v. T. 387, 5.
Leubovera. Greg. v. T. 393, 15.
604—613 *Meroveus*. Fred. chron.
25. 29. 39. 42.
610
625

a

Wistremarus. Pard. n. 131.
Wintemarus. Pard. n. 131. 132.

Chrasmarus. Mon. Germ. Dipl. 131,
4. 5. 11. 14. 20. 22.
Marovaeus. Mon. Germ. Dipl. 128,
4. 42.

Wincimarus. Pard. n. 171.
Gumemarus. Mon. Germ. Dipl.
134, 27.
Radulphus. Mon. Germ. Dipl. 134, 30.
Marometus. Pard. n. 180.

Warmarius. Greg. v. T. 173, 21.

Marovaeus. Mon. Germ. Dipl. 11, 6.
Wandalmarus. Fred. chron. 4. 13.
24.[1]

Maroveus. Greg. v. T. 392, 25; 396,
26; 398, 24.

Lithomarius. Pard. n. 226.
Ratgaudus. Pard. n. 237. 238.
Sigemarus. Pard. n. 238.

---

[1] Fredegar schrieb um 660; wegen seiner quellen vgl. Wattenbach, I, § 9.

ʒ	ð

627

628 *Leubaredus*. Pard. n. 245.

631. 632 *Laudemerus*. Mon. Germ.
Dipl. 144, 49.

632 *Laudomerus*. Mon. Germ. Dipl.
143, 22.

633 *Laudemerus*. Mansi X, 611.

635

635. 636

636 *Laudomerus*. Mon. Germ. Dipl.
159, 48.

637

640

648 *Wulfoledus*. Mansi X, 783.

649 *Wulfoledus*. Mansi X, 1193.
Baudomeris. Mansi X, 1193.

652 *Baldomerus*. Pard. n. 320.

653 *Laudomerus*. Mon. Germ. Dipl.
20, 36.
Merulfus. Mon. Germ. Dipl.
20, 42.
Baldomerus. Pard. n. 320.

c. 657. 658

658 *Baldomerus*. Mansi XI, 63.

659 *Laudomerus*. Mansi XI, 65.
Merulfus. Mansi XI, 66

Recomarus. Pard. n. 211.

Agnetrada. Pard. n. 257.
Lorado. Mon. Germ. Dipl. 143, 37.
Rado. Mon. Germ. Dipl. 143, 39.
Rathildis. Mon. Germ. Dipl. 149, 15.
Verchemarius. Mon. Germ. Dipl.
152, 43.
Rado. Mon. Germ. Dipl. 152, 44.
Rado. Mon. Germ. Dipl. 17, 4.
Wandalmarus. Fred. chron. 78.[1]
Rado. Pard. n. 275.
Lathomarius. Pard. n. 275.
Lauradus. Mon. Germ. Dipl. 159, 50.
Geremarus. Mon. Germ. Dipl. 160, 26.
Geremarus. Mon. Germ. Dipl. 163, 39;
164, 19.
Agomarus. Pard. n. 293.
Audomarus. Pard. n. 312.
Chrodmarus. Pard. n. 312.
Ermarus. Pard. n. 312.
Radbaldus. Pard. n. 312.
Vualdemarus. Pard. n. 312.

Radobertus. Mon. Germ. Dipl. 20, 39.
Vandalmarus. Mon. Germ. Dipl. 21, 1.
Gualderadus. Mon. Germ. Dipl. 21, 3.
Rado. Mon. Germ. Dipl. 21, 4.
Vulderadus. Pard. n. 322.
Radagundis. Pard. n. 324.
Radulfus. Pard. n. 324.
Rado. Mon. Germ. Dipl. 32, 23.

Wandalmarus. Mansi XI, 66.
Vulderadus. Mansi XI, 66.
Radobertus. Mansi XI, 66.
Rado. Mansi XI, 66.

---

[1] So auch Gesta Dagoberti 36 ('unzuverlässige compilation aus
dem ende des neunten jahrhunderts').

e	*a*
661	*Ursmarus.* Pard. n.338.
662	*Ermenomaris.* Pard. n.347.
	Audomarus. Mon. Germ. Dipl. 38,13.
663	*Richimarus.* Mon. Germ. Dipl. 39,21.
664	*Vulsmarus.* Pard. n.350.
	Radebertus. Pard. n.350.
666	*Ragnomarus.* Pard. n.355.
667 *Cristomerus.* Mon. Germ. Dipl. 54,19.	*Audomarus.* Mansi XI, 107.
672	*Radebertus.* Mon. Germ. Dipl. 189,6.
673—678 *Meroaldus.* Vita S. Leodegarii 9. 10. 11.¹)	
674 *Waimerus.* Vita S. Leodegarii 9.	
675	*Ratfridus.* Mon. Germ. Dipl. 41,34.
	Ratfredus. Mon. Germ. Dipl. 41,41.
	Radoinus. Pard. n.375.
682	*Ratbertus.* Mansi XI, 1043.
683	*Gislemarus.* Fred. chron. continuatum II, 98.²) gesta reg. Franc. 47.
685 *Vaymerus.* Mansi XI, 1095.	*Waraulfus.* Pard. n.404.
	Blitmarus. Pard. n.404.
	Crasmarus. Pard. n.404.
686	*Harmarus.* Pard. n.406.
	Caldemarus. Pard. n.406.
686 bis anfang 8. jhdts. *Ansfledis.* Fred. chron. continuatum II, 99. gesta reg. Franc. 48.²)	
687	*Cosmarus.* Mon. Germ. 209, 49.
688	*Ghislemarus.* Mon. Germ. Dipl. 51,26.
691	*Ursmarus.* Mon. Germ. Dipl. 210,20.
	Chrodomarus. Pard. n.421.
	Fladebertus. Pard. n.421.
692 *Vuntmerus.* Pard. n.423.	*Radefridus.* Mon. Germ. Dipl. 55,30.
693	*Ghislemarus.* Pard. n.431.
696	*Ageradus.* Pard. n.435.
697	*Durandomarus.* Pard. n.442.
	Waldromarus. Pard. nachtr. n.9.
	Audromarus. Pard. nachtr. n.9.
	Ursmarus. Mon. Germ. Dipl. 211,39.
700 *Imneredus.* Pard. n.152.	*Wald(o)marus.* Mon. Germ. Dipl. 64,10.25.
Gunthivera. Pard. n.452.	

¹) Vgl. Wattenbach, I, § 11.
²) Aus dem jahre 736; vgl. Wattenbach, II, § 1.
³) So auch Chron. Fontanellense aus dem neunten jhdt.

	c		*ā*
749		*Fulradus.*	Mon. Germ. Dipl. 106,
			30. 31. 49; 107, 8. 10. 16. 19.
750		*Fulradus.*	Mon. Germ. Dipl. 107,
			8. 10. 16. 19. 37. 47; 108, 5. 7.

Es fragt sich nun, welche schlüsse wir aus dem vorliegenden material für die sprache der Franken zu ziehen berechtigt sind. Zunächst ist zu bemerken, dass diejenigen namen, welche *ē* bez. *ā* in ihrem zweiten bestandteile enthalten, kein sicheres zeugnis für den übergang des *ē* zu *ā* in betonter silbe ablegen können; denn der vocal ist in diesem falle nebentonig. Wir werden sehen, dass germ. *ē* in unbetonter silbe überhaupt nicht den wandel zu *ā* mitmachte, sondern seine qualität behielt; so hat sich auch das nebentonige *ē* länger erhalten als das haupttonige, wäre sogar voraussichtlich *e* geblieben, wenn es sich des einflusses des hochbetonten *ē* hätte erwehren können, welches in denselben worten zu *ā* wurde: also *Waimarus* für *Waimerus* nach dem vorbilde von *Maroaldus, Marovaeus.* Das letzte sichere *ē* im ersten namensteile begegnet uns 659 in dem namen *Merulfus.* Die frühsten *ā* treffen wir 499. Zweierlei ist zu berücksichtigen, wenn man aus den vorliegenden eigennamen schlüsse für die damalige aussprache ziehen will: einmal in zeitlicher hinsicht der conservative charakter jeder orthographie gegenüber der aussprache (vgl. das s. 8 f. gesagte) und zum anderen in örtlicher hinsicht das grosse gebiet, auf welches sich diese eigennamen verteilen. Wollen wir für das ganze fränkische sprachgebiet eine einheitliche chronologie aufstellen, so müssen wir sagen, dass schon gegen ende des 5. jhdts. das fränkische *ē* sehr nach *ā* hin gesprochen wurde, im 6. jhdt. sich der übergang zum *ā* vollzog, welcher zu anfang des 7. jhdts durchgedrungen ist. Wären wir im stande, die einzelnen namen nach derjenigen fränkischen mundart zu sondern, welcher sie angehören, so würden wir voraussichtlich verfolgen können, wie das *ā* allmählich von süden nach norden und Rheinabwärts vordrang.

Die namen in den Weissenburger urkunden[1]), über deren sprache jetzt Socin im ersten bande der 'Strassburger studien'

-[1]) Zeuss, Traditiones possessionesque Wizenburgenses. Pardessus, Diplomata II in den nachträgen.

s. 101—276 gehandelt hat, zeigen vom jahre 693 an nur $\bar{a}$,
die Fuldaischen urkunden[1]) seit 750, die Lorscher[2]) seit dem
onde des 8. jhdts., die mittelrheinischen[3]) seit mitte des 8. jhdts.
Dagegen scheinen die ältesten niederrheinischen urkunden
noch spuren des alten $\bar{e}$ aufzuweisen. Ich nenne die hierhergehörigen namen:

$\bar{e}$	$\bar{a}$
710	*Oadrada* (holländ. Brabant). Par-dessus, Diplomata n. 476.
720 *Raedbrectus* (bei Kleve). Sloet, Orkondenboek der graaf-schappen Gelre en Zutfen I, n. 6. (Pardessus, Dipl. n. 519.) *Redualdo*. ebendaselbst.	
793 *Fledradus* (bei Worden). La-comblet, Urkundenbuch für die gesch. des Niederrheins I, n. 2. (Sloet, n. 14.) *Raeddegus*. ebendaselbst.	*Raadherus* (bei Werden). Lacom-blet n. 3.
796	*Raadfridus* (bei Werden). Lac. n. 6. *Hildiradus* (bei Neuss). Lac. n. 7. *Caldemarus* (bei Neuss). Lac. n. 7. *Folcradus* (Isselmünde). Lac. n. 8. (Sloet, n. 16.) *Raadgerus* (Isselmünde). Lac. n. 8. (Sloet, n. 16.)
799 *Thathumerus* (bei Zutphen). Lac. 14. (Sloet, n. 18.)	*Frithuradus* (Werden). Lac. n. 11. *Theganradus* (Werden). Lac. n. 11. *Hildiradus* (Werden). Lac. n. 12. 13.
800	*Hildiradus* (Werden). Lac. n. 17.
801	*Hildiradus* (Werden). Lac. n. 19.
802	*Folcrada* (bei Neuss). Lac. n. 24. *Raudald* (bei Zutphen). Lac. n. 25. (Sloet, n. 23.)
805	*Folcradus* (bei Werden). Lac. n. 27. (Sloet, n. 24.)
806	*Folcradus* (bei Werden). Lac. n. 28.
812 *Redald* (Werden). Lac. n. 30.	*Radbald* (Werden). Lac. n. 30.
815	*Cuerinmarus* (Werden). Lac. n. 31.

---

[1]) Schannat, Corpus traditionum Fuldensium. Dronke, Codex diplomaticus Fuldensis.

[2]) Codex Laureshamensis diplomaticus.

[3]) Beyer, Urkundenbuch zur gesch. der mittelrheinischen territorien.
Quix, Geschichte der stadt Aachen.

Von hier an haben die eigennamen aus Neuss, Werden und Utrecht nur *ā*. Mit dem Werdener *ē* des namens *Redald* aus dem jahre 812 sind wir bei der zeit angelangt, in welche die ältesten uns überlieferten literaturdenkmäler zurückreichen. Und wirklich findet sich in den ältesten niederfränkischen denkmälern vereinzelt noch für *ā* ein *ē*, welches nicht wol anders erklärt werden kann wie als ein überrest des germ. *ē*. Es sind dies folgende fälle: in der interlinearversion der psalmen: *ginekeda:* appropinquavit Ps. 54, 22; *gevi:* dedisti Ps. 59, 6; *deda:* facta Ps. 63, 10; in den Lipsius'schen glossen: *andredandi:* timentes 25 (nach Heyne, Kleinere altniederdeutsche denkmäler); *anredit:* timet 34; *geuuede:* vestimenta 472; *vuedan sal:* induam 1074; in den altniederfränkischen Prudentiusglossen: *ge uuede:* amictu Steinmeyer-Sievers, Ahd. glossen II, 587, 39. Natürlich dürfen uns diese vereinzelten *ē* nicht zu dem schlusse verleiten, dass in jenen worten zur zeit wirklich noch ein *ē* gesprochen wurde; das verbietet sich schon deshalb, weil dieselben worte in den gleichen denkmälern sonst mit *a* geschrieben werden. Wol aber legt die schreibung mit *e* zeugnis dafür ab, dass erst um jene zeit das *ā* im niederfränkischen endgültig durchgedrungen ist. Schreiber aus der ersten hälfte des 9. jhdts. hatten aus der zeit ihrer kindheit, in welcher sie sprechen lernten, den laut des *ā* noch so weit nach *ē* hin im gehör, dass ihnen in der schrift wol hier und da ein *e* für *a* mit unterlaufen konnte.

Mit dem niederfränkischen haben wir schon den boden des niederdeutschen sprachgebietes betreten. Vom Niederrhein nahm der lautwandel *ē* > *ā* seinen weg durch Sachsen. Auch hier vollzog sich das lautgesetz allmählich und musste sich schritt für schritt seine herrschaft erobern. Zuerst drang *ā* in Westfalen durch; das zeigen die frühsten sicher westfälischen eigennamen: 803 *Adalradus* und *Marcradus*, Pertz, Leg. I, s. 89; 820 *Marcrad* (aus Münster), Lacomblet, n. 40. Der Heliand hat noch einige mal *ē* für *ā*, und es ist für die feststellung des allmählichen weichens des alten *ē* vor dem neuen *ā* sehr wichtig, dass nur der Monacensis solche vereinzelten *ē* hat, während in den entsprechenden worten der Cottonianus schon überall *ā* zeigt. Die fälle sind die folgenden: *bedi* M., *badi* C. 2152; *sehan* M., *saian* C. 2389; *uuepanberand* M., *uuapanberan* C. 2779;

uuey M., *uuag* C. 2944 [1]); *meriaro* M., *marero* C. 3159; *farletid*
M., *forlatit* C. 3322; *andreden* M. 3495; *landmegun* M., *landmayon*
C. 3814; *giuuedie* M., *giuuadie* C. 4100. Das *ê* in diesen formen [2]) kann im verein mit den altniederfränkischen nur als
vereinzelter überrest des alten *ē* aufgefasst werden, so dass
wir die verwandlung des *ē* zu *ā* im westfälischen erst gegen
anfang des 9. jhdts. als völlig beendet anzusehen haben. *gêr*
freilich erhielt sich noch länger. Der Monacensis hat nur *gêr*
gegen *jâr* im Cott.; desgleichen heisst es *gêr* in der Freeken-
horster heberolle und in dem bruchstück der übersetzung einer
homilie Beda's. Das *ê* in *gêr* muss also besonders erklärt werden auf grund eines combinatorischen lautwandels. Offenbar
hat das palatale *g*, welches vor palatalen vocalen wol wie *j*
im nhd. gesprochen wurde, durch seine helle klangfarbe die
tonerniedrigung des folgenden *ē* gehindert. [3]) Dasselbe gilt für
das vereinzelte *sciêp* Strassburger glossen 32 (bei Heyne) und
für *kiêsi* der Kindlinger'schen hs. und somit des originals der
Freckenhorster heberolle.

Was Engern anbetrifft, so begegnet *ā* in eigennamen
schon von 794 an in Paderborn, von 810 an in Corvey. Doch
scheint das *ā* noch auf jahrhunderte hinaus mit der alten färbung nach *ē* hin gesprochen worden zu sein. Ich will hier
nur die namen anführen, welche Althoff in seiner gramm.
altsächs. eigennamen für diese erscheinung anführt: 959 *Retolt*
(kaiserurkunde Otto's I.) Erhard, Regesta historiae Westfaliae
I, 58; 989 *Retharius* (Paderborn) 70; 1003 *Retharius* (Paderborn) 79; 1015—1036 *Raetluf* (Paderborn) 87, 8; *Raedulf*
(Paderborn) 87, 13; 1018 *Redald* (Paderborn) 95; 1081—1106
Rethere (Paderborn) 160; 1096 *Retherd* (Minden) 167. Ueber-
gangen habe ich nach dem s. 25 angeführten grunde die ziemlich häufigen namen, welche *e* in ihrem zweiten bestandteile
enthalten. Besonders häufig ist die schreibung *e* für *a* in den
Corveyer urkunden. Ich nenne auch hier nur die namen, deren

---

[1]) Nicht aber mit Holtzmann, Altdeutsche gramm., s. 141 *uuegi*
M. C. 2043, dessen *è*, schon weil es C. hat, < *ai* ist, s. Schade, Alt-
deutsches wörterbuch unter '*wègi*'.

[2]) Nicht hierher gehören *bèdi* und *gèfi* aus der übersetzung von
Beda's homilie; das *ê* wird hier *i*-umlaut von *â* sein.

[3]) Vgl. Sievers, Beitr. IX, 205 f.

erster teil *e* enthält. Der Catalogus abbatum et fratrum Corbeiensium, Jaffé, Mon. Corb. hat zu den jahren 856—877 die namen *Redmannus, Reddagus* s. 67, zu den jahren 917—942 den namen *Redulfus* s. 68. Die meisten Corveyer eigennamen stehen bei Wigand, Traditiones Corbeienses. Leider habe ich das buch nicht beschaffen können und muss Förstemann die gewähr für die folgenden namen überlassen. Voran stelle ich die 3 namen, für welche Förstemann ein datum anführt: Aus dem 8. jhdt. *Reddag* bei Wigand n. 425; aus dem 9. jhdt. *Redbern* n. 254; 843—845 *Redger* n. 357. Ferner sind die folgenden namen zu nennen: *Rethman* n. 39, *Rethar* n. 167, *Redwere* n. 231. 268, *Retbern* n. 250, *Redmann* n. 255. 264. 283. 286. 346, *Retheri* n. 266, *Redfrid* n. 266, *Redold* n. 275, *Redward* n. 278. 421. 472, *Redmer* n. 288. 451. 455, *Redwig* n. 320, *Redbold* n. 328. 345, *Reding* n. 345, *Meresuit* n. 412. 424, *Rethard* n. 416, *Merio* n. 420, *Merica* n. 456, *Redwi* n. 486.

Wie in Engern so erhielt sich auch in Ostfalen noch auf lange zeit die *ē*-artige färbung des *ā*-lautes. Als beleg hierfür wähle ich namen aus Merseburg, dem östlichsten punkte ostfälischen und sächsischen sprachgebietes. Das Calendarium Merseburgense, abgedruckt in der Zeitschrift für archivkunde von Hoefer, Erhard und Medem, bd. I, s. 111—127, von einer hand des 10. jhdts. geschrieben, bietet die folgenden namen: *Merebodo* 111, *Redbald* 112, *Redgeld* 114, *Redinc* 119, *Rethard* 120, *Ratburg* 126, *Redun* 127. Ebenso wechselt in nebentoniger silbe *a* und *e*: *Ilfred* 112, *Thietmarus* 113. 115. 126, *Vvalrad* 113, *Aluered* 114, *Thietmar* 115. 116. 119, *Herdered* 116, *Conrad* 116, *Bernrad* 116, *Folgmar'* 118, *Thancmar* 118, *Cualterad* 119, *Thietmer* 120. 123, *Badurad'* 121, *Cualred* 121, *Volcmarus* 122, *Cuonradus* 125, *Folgmarus* 126, *Folcmar'* 126, *Folcmarus* 126, *Thiatmarus* 126, *Kuonradus* 127, *Aluured* 127.

Nachdem wir die schicksale des idg. *ē* in den ältesten germanischen sprachen bei betonter silbe verfolgt haben, betrachten wir im zweiten abschnitt das unbetonte *ē*.

B. Spontaner lautwandel in nicht betonter silbe.

Die regelrechte entsprechung eines unbetonten germ. *ē* ist in den einzelnen germanischen sprachen folgende:

got. *ẹ, a,* letzteres für urgerm. auslautendes *e*; **an.** *e > i*; **ags.**
œ > e; **afries.** *e*; **asächs.** *e*; **ahd.** *e.*

Vorerst bespreche ich das *ē* in nebentoniger silbe. Nebentonig ist germ. *ē* in der grossen masse der nominalcomposita, deren zweiter bestandteil ein *ē* enthält. Dazu gehören sowol die mit präpositionen zusammengesetzten nomina wie got. *andanêms, uzêta* als auch die zahlreichen eigennamen auf *-mēr, -rēd, -flēd.* Es ist kein wunder, wenn sich bei allen diesen bildungen das wirken des kürzungsgesetzes nichtbetonter silben nicht zeigt. Fühlte doch jeder sprechende, dass der zweite bestandteil dieser wörter dasselbe wort war, welches er auch mit dem haupttone sprach. Es war unmöglich, dass das germ *ē* z. b. in ahd. *nôtnâma* nicht stäte fühlung mit dem haupttonig lautgesetzlichen *ā* von *nâma* behielte. Fast ist es zu verwundern, dass wir trotzdem in eigennamen zuweilen nebentoniges *ē* gekürzt finden, z. b. in den ags. eigennamen wie *Aelfred,* in welchen nach den miscellen von Sievers zu § 57 anm. 2 seiner Ags. gramm. (Beitr. IX, 200) ein kurzes *e* anzunehmen ist. Besonders häufig finden wir auf niederdeutschem boden namen auf *-mer, -red*; vgl. das s. 25 gesagte und die s. 29 angeführten beispiele. Dass diese verkürzung erst verhältnismässig spät im leben der einzelnen germanischen sprachen eintrat, dafür bietet das nordische ein schlagendes beispiel in dem von Paul, Beitr. IV, 420 anm. angeführten namen *Hamðir < *Hamþér < *Hamaþewaʀ,* so noch *Eyðir < *Eyþér < *Agiþewar, Hosvir < *Hosvér < *Hasuwiwaʀ, Hlǫdver < *Hlǫdvér < *Hlaðuwiwaʀ* u. a.

Nur ein compositum ist mir bekannt mit nebentonigem *ē,* bei welchen der zweite bestandteil nicht klar zu tage liegt, also verkürzung erwartet werden kann: an. *missári, misseri,* ags. *missere* 'halbjahr'. Offenbar steckt in diesem worte das germ. *midjạ-* und *_jēr,* wenn es auch nicht klar ist, in welcher weise die zusammensetzung geschehen ist; got. *missêri* scheint auf ein urgerm. *missạ_jē̌riạ < idg. *meþojēr_jom < uridg. *međ'to_jēr_jom* zurückzuweisen. Hier ist also das germ. *ē* wie in unbetonter silbe im ags. zu *e* geworden. Im an. hat sich neben der lautgesetzlichen form *misseri* auch *missári* — man weiss nicht, soll man sagen — erhalten oder neu eingestellt. Letzteres liesse sich sehr gut denken, weil die bedeutung 'halb-

jahr' die beziehung zur *ár* nahe legte; die erstere annahme
würde darauf hinausgehen, dass das nebentonige *ē* in diesem
worte durch das vorbild von *jēr* > *ár* nicht unbetont und
daher nicht verkürzt wurde sondern seinen accent behielt und
so zu *á* wurde; freilich ergäbe sich dabei die schwierigkeit,
zu erklären, wie dann daneben doch ein *misseri* entstehen
konnte.

Unbetont wurde germ. *ē* ausser in flexionssilben nur in
enklitischen wörtern und in ableitungssilben. Die fälle sind
sehr selten. Im satze unbetonte partikeln wurden fort-
während dadurch beeinflusst, dass sie in anderer satzstellung
betont waren. Wir müssen daher froh sein, hier überhaupt
noch spuren dieser lautgesetzlichen verkürzung nachweisen
zu können. Dahin gehört das germ. *ϑēr* 'dort' > an. (seltener)
þer, ags. *þǽr*, afr. *thêr*, as. *thâr*, ahd. *thâr, dhâr, dâr* und daneben *ther, der, dir* (im mhd. noch weiter bis zu *dr* verkürzt);
im an. und im hd. haben wir also noch die gekürzte form.
Diese hat sich nicht mehr erhalten in dem germ. *χuēr* 'wo'
> ags. *hwǽr*, afr. *hwêr*, as. *hwâr*, ahd. *hwâr*.[1]) Vielleicht ist
sva 'so' die unbetonte form von *svê* 'wie', also < idg.
suē und nicht < *suod* zu setzen. Die gleichsetzung von
got. *sva* mit *svê*, welche aus dem gotischen heraus nicht
sicher beurteilt werden kann, gewinnt eine wesentliche stütze
an got. *ja* zu germ. *jē* mit Paul, Beitr. VI, 215; germ. *jē*
ist erhalten in an. *já*, as. ahd. *jâ*, dagegen verkürzt in
got. *ja*, ags. *ʒǽ* < *jǽ* (= *ʒēr* < *jǽr*), as. *ge, gie*. Ebenso
ist zu got. *nê*[2]) die unbetonte form an. *ne*, ags. *ne*, afr. *ne*, as. *ne*,

---

[1]) Nicht hierher gehört got. *þar*, an. *þar*, ags. (seltener) *þar* und
got. *hvar*, an. *hvar*, ags. (seltener) *hwar*. Man könnte mit hinsicht auf
got. *fadar* daran denken, dass vor *r* ein combinatorischer lautwandel unbetontes germ. *ē* zu *a* gemacht hätte. Allein das scheitert an *hvar*,
welches nur in indefiniter bedeutung als enklitisch denkbar wäre; das
fragewort 'wo?' hat ja einen sehr starken accent. *þar* und *hvar*
müssen also ganz andere formen sein; ihnen liegt die stammform *þa-,
hva-* < idg. *to-, *qo-* zu grunde, während das *ē* von *ϑēr, *χuēr* dem
von *þê, hvê* gleich zu setzen ist, worüber später zu sprechen ist.

[2]) *nê* ist wie *jê, ja* ein alter instrumental, *nei* betonte, *ni* unbetonte
form des locativs.

ahd. *ne*. Got. *þê*, an. *þá* hat auch eine enklitische und daher ver-
kürzte nebenform in ags. *þe* und afr. *the*.

Zweitens germ. *ē* in ableitungssilben. Got. *faheds* ist
in den anderen germ. sprachen nicht erhalten. Das wort
zeigt eine auch in anderen idg. sprachen bekannte ableitungssilbe. Im idg. konnte man von allen verben verbalabstracta
auf *-téi-*, *-iói-*, *-ti-* bilden. Die verba auf *-ḗiō*, welche
Mahlow, Die langen vocale A E O, s. 12 ff. für das idg. erwiesen hat [1]), besassen solche abstracta auf *-ḗtis* im nom.,
z. b. οἴκησις < *ϝοικητις 'das wohnen' von οἰκέω. Eine
solche bildung ist auch got. *faheds* 'das sich freuen'. Das got.
zeigt mit seinem *d* noch den ursprünglichen accent an, welcher
sich von den casus mit stammhaftem idg. *-ētéi-* verallgemei-
nert hat. *faheds* setzt also ein schwaches verbum *fahan* oder
fagan [2]) 'sich freuen' voraus, welches im got. nur in der
weiterbildung *faginôn* 'sich freuen' erhalten ist, genau aber
in ahd. *fagên*, wozu das primäre verbum *gi-fëhan*, ags.
ʒe-feón lautet.

Das zweite got. wort mit *ê* in der ableitungssilbe ist *avêþi*
'schafheerde'. Das wort ist nur 2 mal belegt. Dadurch ist die
möglichkeit gegeben, dass das wort got. *aveiþi* hiess und *ê* wie
sonst so oft hier für *ei* geschrieben ist. Dies ist deshalb sehr
wahrscheinlich, weil das wort von einem *ei*-stamme (idg. *o̯uéi̯-*)
abgeleitet ist; gefordert wird got. *ei* durch ahd. *ewit* 'heerde',
ewida, *owiti* 'gehege' sowie durch das synkopierte ags. *eowd*
'heerde'. Dies wort kommt also in wegfall.

Ags. *hiéred*, *hired hinrǽden*, und ahd. *hîrât* gehen auf ein
urgerm. *χῐ̯ uizḗða-* zurück, eine weiterbildung von einem *es*-
stamme *χῑ̯uis-*. Wenn neben der lautgesetzlich verkürzten
form auf *-red* auch ags. *hinrǽden*, ahd. *hîrât* vorkommt, so ver-
danken letztere formen einer volksetymologischen anlehnung an
rǽd, *rât* ihren ursprung (vgl. nhd. *armut*, *einöde*); durch die
gefühlte beziehung auf *rât* ist das lange *a* noch im nhd. erhalten, statt zu *e* geschwächt zu werden.

Ebenso verhält es sich mit urgerm. *dáyazḗ ða-* 'tages-

---

[1]) Richtiger wol *-jō̆*, *ē'si*, vgl. s. 48.
[2]) Vgl. s. 46.

anbruch' von *dayes- (vgl. ags. dôgor). Nur das ags. hat die
gesetzmässige verkürzung zu dægred. Das an. hat dagráð 'der
günstige zeitpunkt', das mittelniederländische dagheraet, mhd.
bei Veldeke tagerât. Im ahd. bildete man in anlehnung an
rôt tagarôt, woraus die phantasie weiterhin nhd. morgenrot,
morgenröte schuf.[1])

Auf einen besonderen fall von germ. unbetontem ē macht
Platt, Beitr. IX, 368 aufmerksam. Er führt mit recht das
ausltd. e in dem ags. nominativ hæle 'held' auf ein urgerm.
und idg. ē zurück auf grund des Osthoffschen gesetzes, nach
welchem im idg. die consonantisch auslautenden stämme das
nom.-s mit der sogen. ersatzdehnung abfallen liessen. So ist
hæle für den nom. sing. die lautgesetzliche form im ags. aus
urgerm. *χαlē[2])

Zum schlusse erwähne ich noch 3 nur im gotischen vor-
kommende wörter mit ē, alle dunklen ursprungs. Das eine
ist azêts 'leicht' und azêti 'leichtigkeit', dessen etymologie un-
klar ist. Das andere ist alêv 'öl', jedenfalls ein fremd-
wort.[3]) Endlich ist zu nennen -têhund in den zahlen sibun- bis
taihun-têhund, wozu das ebenso unerklärte griech. η in πεντή-
κοντα — ἐνενήκοντα zu vergleichen ist, formen, in welchen
das η auch dorisch nachgewiesen, also gemeingriechisch und
damit idg. ist.

Ich gehe nun zu dem germ. ē in flexionssilben über.
Ich fasse mich hier kurz und verweise im einzelnen auf die
folgenden untersuchungen, in welchen ausführlicher die betreffen-
den fälle besprochen sind: Paul, Beitr. IV, 418—420, 471—474;
Osthoff, Morph. unters. I, 232—234, 240, 276—287; J. Schmidt,
Kuhn's ztschr. XXVI, 42 f.; Paul, Beitr. VI, 209—217; Möller, Beitr.
VII, 483—492, 530, 535—547. Paul hält e für die verkürzung
des urgerm. ē in allen mundarten, Osthoff: an. a, ags. afr. e,

---

[1]) Das dies das verhältnis war und nicht etwa umgekehrt tagarôt
sich in anlehnung an morganrôt bildete, ergibt sich daraus, dass morganrôt erst seit Notker vorkommt, tagarôt aber gerade in älterer zeit;
vgl. Graff, Ahd. sprachschatz II, 486 f.

[2]) Platt setzt aus versehen urgerm. *halêþ an, ohne zu beachten
dass idg. t ⪯ germ. þ im auslaut abgefallen ist.

[3]) akêt 'essig' ⪦ lat. acêtum liest man jetzt wol richtiger als akeit.

ahd. as. a (dagegen Paul, Beitr. VI, 210 ff.), Möller: ausltd. germ. ē > got. -a, an. -i, ags. afr. as. ahd. -e, gedecktes germ. -ē (-ēn, -ēz) > got. -ê, an. -i, ags. afr. -e, as. ahd. -a. Ich gebe hier kurz die fälle noch einmal im zusammenhange an und mache bei dieser gelegenheit gleich auf den, wie ich meine, idg. wechsel zwischen -e- und -o-formen in den flexionsendungen aufmerksam, welcher es uns erspart, zu den j-stämmen unsere zuflucht zu nehmen.

1. Das sogen. schwache präteritum endigte im urgerm. im sing. auf 1. *-ðōn[1]), 2. *-ðēs, 3. *-ðē, plur. 1. *-ðōma, 2. *-ðēði, 3. *-ðōnð. Vgl. hierüber ausser den oben angeführten arbeiten noch Kögel, Ztschr. f. d. gymnasial-wesen XXXIV, n. f. XIV, Berlin, 1880, s. 407 und Sievers, Beitr. IX, 561. Ich gebe ganz kurz die dem urgerm. paradigma lautgesetzlich entsprechenden formen an: 1. sg. *-ōn > an. run. tawido, worahto, faihido, hluaiwido > an. svafða; ahd. infirneto, trahtoto (Kögel, Kerou. glossar, s. 159). 2. sg. *-ēs > got. nasidês; an. svafðer > -ir; ags. neredes(t); afr. *neredes(t); as. sendes, mahtes, habdes, weldes; ahd. Is. chiminnerodes.[2]) 3. sg. *-ē > got. nasida; an. run. wurte, urte, sate > an. svafðe > -i; ags. bisceredae, aferidae, gisettae, aslacudae, saldae, gigiscdae, onetae, oberuuaenidae, sochtae, suicudae (Sievers, Beitr. VIII, s. 325 unter 6) > nerede; afr. nerede. 1. pl. *-ōma > ahd. alemann. neritôm. 2. pl. *-ēði > got. nasidêd mit anfügung des -up von den starken verben. 3. pl. *-ōnð > ags. neredon; afr. nereden, Riustri neredon; ahd. alem. neritôn.

Ganz dasselbe, was von dem got. schwachen präteritum gilt, ist auch für das präteritum iddja anzunehmen (= ai. aorist áyām); dieser aorist flectierte also idg.: sing. 1. *é i̯ō m, 2. é i̯ē s, 3. *é i̯ē t, plur. 1. *é i̯ō mm, 2. *é i̯ē ta, 3. *é i̯ō nt.

---

[1]) So und nicht mit Sievers *-ðō wegen der endungslosen 1. sg. präs. ind. im an. < germ. -ō (vgl. Noreen, Altisl. und altnorw. gramm. § 445, anm. 1) gegenüber der 1. sg. präs. conj. auf -a < germ. -ōn (idg. -ām) wie im gen. plur. der -e-o-decl. oder im nom. sg. der fem. ōn-stämme (run. harisu, lu/ro, fino). Folglich weist an. svafða (run. tawido) auf urgerm. -ōn. Got. 1. sg. nasida muss sich also nach der 3. sg. gerichtet haben, wie nachweislich im nord. später die 3. sg. svafði die 1. sg. svafða verdrängte.

[2]) Freilich nur ein einziges beispiel; wahrscheinlich liegt da wol ein fehler vor.

2. Die idg. e-o-declination hat bekanntlich stamm-abstufung, indem in einigen fällen der stamm auf e, in anderen auf o endigte. Dem entsprechend correspondieren auch die längen ē und ō, als contractionsproducte zweier vocale, deren erster das stammauslautende e oder o war.[1]) Die verteilung der -e- und -o-formen ist nicht in allen idg. sprachen die gleiche. Im verlaufe der zeit traf jede sprache eine ausgleichung und bildete ein einheitliches paradigma aus. Daneben erhielten sich nur vereinzelt formen, die hinsichtlich des e und o von diesem paradigma abwichen. Unter den germanischen sprachen zeigt die gotische verhältnismässig die meisten -e-formen. Was diejenigen casus betrifft, deren endung im germ. ein ē besass, so ist der instrum. sing. und der gen. plur. der idg. -e-o-decl. zu nennen.

In dem sogenannten dat. sing. der germ. a-declination ist der idg. ablativ und instrumental zusammengefallen. Der ablativ endete idg. auf -ōd, beziehungsweise -ēd, der instrumental auf -ō, bez. ē. Vgl. J. Schmidt, Kuhn's zeitschr. XXV, 97 und Möller, Beitr. VII, 189. Die germ. ursprache, in welcher die auslautenden d schwinden, also beide casus zusammenfallen mussten, hat noch neben einander -ē und -ō als endung gehabt; für erstere hat sich das ostgermanische, für letztere das westgermanische entschieden. Im got. ist ausltd. germ. ē zu a geworden, daher vulfa, im an. jedes unbetonte germ. ē zu e > i, daher run. (wodu)ride, hite, (wulha)kurne, stuiŋi > an. ülfe, > ülfi. Das got. vulfa könnte an sich auch auf ein germ. *uulfō zurückgehen. Aber einerseits ist dies darum nicht wahrscheinlich, weil das an. auf ein -ē weist, und das got., wie auch die folgenden fälle zeigen, überhaupt die -e-formen bevorzugt; andrerseits wird -ē gefordert, dadurch dass es im got. da noch erhalten ist, wo es ursprünglich durch einen folgenden consonanten geschützt war oder im einsilbigen worte hochbetont. Der dat. sing. des demonstrativ- und der des interrogativpronomens lautet got. þamma und hwamma; aber von dem zusammengesetzten pronomen hwazuh heisst der dativ hwammēh; ebenso heisst es hwarjammēh und ainummēhun. Wenn

---

[1]) Ueber die hier zur geltung kommenden idg. contractionsgesetze vgl. Osthoff, Morphol. unters. II, 113—125.

wir von *sah* den dat. *þammuh* finden, so ist diese form durch
beeinflussung von seiten des paradigma *saei* zu erklären, vgl.
auch den acc. *þanuh* gegen *ƕanôh, ƕarjanôh, ainôhun* und
den nom. acc. sing. *þatuh* gegen *ƕah* und *ƕarjatôh*. Weil
hochbetont, ist got. *ê* erhalten in den einsilbigen instrumentalen
þê, ƕê, hierzu *ƕêh, biƕê, ƕêleiks* u. s. w. Das got. und an.
setzen also ein urgerm. **uulfê* voraus. Hingegen as. *wulƀu, -o*
und ahd. *wolfu, -o* ergeben daneben urgerm. **uulfô*. Ags. *wulfe*,
älter *-æ* (vgl. Sievers, Beitr. VIII, 326) kann zwar germ. **uulfê*
repräsentieren, kann aber auch eigentlicher dativ sein und mit
dem as. und ahd. dativ auf *-e* auf ein urgerm. **uulfa͜i < *uulfô͜i*
zurückgehen. Dass as. ahd. *wulƀe, wolfe* alte dativformen sind und
nicht instrumentale auf *-ē* ist wegen des instrumentalis *wulƀu,
wolfu* wahrscheinlich, wenn auch die möglichkeit durchaus nicht
ausgeschlossen ist, dass die äussere verschiedenheit der instrumentale **uulfê* und **uulfô* eine bedeutungsdifferenzierung ver-
anlasste derart, dass die eine form die function eines dativs
übernahm. Auf die idg. stammabstufung fällt ein licht durch
die gegenüberstellung von got. *þamma* und ahd. *demu*. Man
konnte also im idg. neben einander je nach dem satzaccente
sagen **tésmō̆'(d)* (> ahd. *demu*, aind. *tásmāt*) und **tòsmē̆'(d)*
(> got. *þamma*).

Hierher gehören auch die zahlreichen adverbien und conjunctionen, welche im urgerm. teils auf *-ē*, teils auf *-ō* aus-
gingen. Aus dem got. sind ausser den adverbien der art und
weise auf *-ba*, wie *ubilaba, harduba* u. s. w. zu nennen *vaila,
alja, ƕaiva, iba* neben der dativform *ibai jabai*[1]), *niba* neben
der dativform *nibai*, ferner mit *ê svê, *jê* und *nê*; vgl. s. 31.
Wie die got. adverbien, so gehen auch die ags. adverbien auf *-e*
für älteres *-æ* (*aend suilcae, uulanclicae, horslicae, anuuillicae,
suae suithae, framlicae, heruuendlicae* Sievers, Beitr. VIII, 326
unter B) auf germ. *-ē* zurück, ein umstand, der für die her-
leitung des ags. dativs aus dem germ. instr. auf *-ē* zu sprechen

---

[1]) Uebrigens bietet dies wort, welches ja für sich allein dasteht
und von keiner analogie beeinflusst werden konnte, ein herrliches beispiel für die idg. hochbetonung der endung *-ē*. Der stamm des wortes
war idg. **i̯e̯-, *i̯o̯-*, also in der tiefstufe **i-*. *jabai < idg. *i̯ò̆b̆'ö̆͜i*;
ibai < idg. *ib̆'ē͜i (wegen des germ. *a͜i < idg. ē͜i* vgl. s. 41 ff.); *iba < *
idg. **ib̆'e̯'*.

scheint. Die as. und ahd. adverbia auf *o* vertreten den germ.
iustr. auf *ō*.

3. Der genitiv pluralis endigte im idg. auf -*ēm* oder
-*ōm*. Erstere form wird nur durch den gotischen gen. auf -*ē*
repräsentiert. Letztere form setzen an. -*a*, ags. afr. -*a*, as. -*o*,
ahd. -*o* voraus. Das gotische ist in diesem falle die einzige
indogerm. sprache, welche die idg. *e*-form erschliessen lässt.¹)

4. Im got. endigen einige adverbien und conjunctionen
auf -*ē*: *svarē* 'vergebens', *simlē* 'einst', *bi sunjanē* 'in der nähe',
untē 'bis, weil', *þandē* 'wenn, so lange als'. Wir haben hier
jedenfalls alte casusreste vor uns. Das got. auslautende *ē* kann
nur auf ein idg. -*ēm* zurückgeführt werden. Denn ungedecktes
germ. *ē* ist im got. zu *a* geworden, und die germ. ursprache
besass von auslautenden consonanten nur *s*, *z* und *n*. Nur
letzteres bleibt hier übrig, weil ausltd. *s* im got. bewahrt blieb.
Lässt sich so idg. -*ēm* als ausgang der genannten wörter sicher
ermitteln, so bleibt die erklärung dieses -*ēm* recht schwierig.
Vielleicht haben wir zum teil die endung des gen. plur. vor
uns; zu vergleichen wäre die verwendung des genitivs in nhd.
abends, *guter dinge* (vgl. für das ags. Sievers gramm. § 320).
Ob man damit für alle fälle auskommt, ist zweifelhaft. Man
kann an einen instrumental denken, der mittels des elementes
-*om* im idg. weitergebildet ist. Leskien hat einen idg. ausgang
des iustr. sing. auf -*ōm* neben -*ō* recht wahrscheinlich gemacht,
Berichte d. k. sächs. gesellsch. d. wissenschaften, phil.-hist. classe,
1884, s. 100. Es hindert nichts, neben idg. -*ōm* auch ein -*ēm*
anzunehmen. Ob auch got. *hidrē*, *jaindrē*, *hvaþrē* hierher gehört,
ist zweifelhaft. Ich stelle die wörter zu 5., ohne behaupten zu
wollen, dass sie daselbst richtig untergebracht sind.

5. Johannes Schmidt hat in Kuhn's zeitschr. XXVII, 287 ff.
in überzeugender weise dargetan, dass der locativ sing. der
ei- und *eu*-stämme im idg. die endung -*ē* hatte, neben
welcher wir ohne weiteres eine endung -*ō* vorauszusetzen berechtigt sind. Entstanden ist dieses *ē* natürlich aus *ē̦i*, *ē̦u*,
vgl. W. Schulze, Kuhn's zeitschr. XXVII, 421. Nachweisbar
ist der idg. lautwandel *ē̦i* > *ē* nur vor *s* und *m*, der von *ē̦u*
> *ē* nur vor *m*. Man wird also je nach der wortfolge im

¹) Anders Osthoff, Morph. unters. I, 240 ff.

satze idg. *ugne̯ oder *agnḗ gesagt haben. So brauchen wir die neben -ē im idg. erscheinende endung -ēi̯, -ēu̯ nicht mit J. Schmidt als analogiebildung aufzufassen. Beide endungen sind im germ. erhalten. Ueber die geschichte des idg. ēi̯, ēu̯ im germ. handle ich s. 40 ff. im zusammenhange. Von den formen auf -ē finden sich in allen germ. sprachen überreste in den folgenden localen adverbien: got. innu, ūta, iupa, dalaþa, faúra, afta, aftra, nēƕa, faírra, riþra; an. inne > -i, ūte > -i, uppe > -i, niðre > -i, fjarre < -i (fjærre > -i); ags. inne, ūte, uppe, niðe, niðre, fore, tō-wið(e)re; afr. inne, ūte, uppe, oppe, fore; as. inne, ūte, uppe, nithare; ahd. inne, ūzze, ūfe, fore, nidare, widare. Ob das wirklich alles locative von ei- oder en-stämmen sind, wird sich kaum erweisen lassen. Nur wegen ihrer bedeutung habe ich die wörter hier zusammengestellt. Am besten, glaube ich, sind auch hier unterzubringen got. hidrē 'hierher', jaindrē 'dorthin', ƕadrē 'wohin?', welche mit þaþrō 'daher', jainþrō 'dorther', ƕaþrō 'woher?' correspondieren. Der wechsel von d und þ beweist, dass ē ursprünglich betont, ō nicht betont war. Die erhaltene länge des auslautenden vocals erklärt sich, wenn man annimmt, die Goten haben den haupttton auf die letzte silbe gelegt, so wie wir im nhd. hierhér, wohín, dahér u. s. w. betonen. Die locale bedeutung macht es wahrscheinlich, dass die wörter hierher zu stellen sind und nicht zu 4., wohin sie lautlich ebensogut gehören könnten.

6. Der nominativ sing. der masculinen en-stämme endete idg. auf -ē(n) oder -ō(n) je nach dem verschiedenen accent, vgl. griech. ποιμήν und τέκτων. Die idg. sprachen weisen zum teil auf eine nom.-endung ohne n, zum teil auf eine solche mit n. Man hat nur die erstere für die lautgesetzliche erklärt und das n als eine neubildung nach den anderen casus angesehen, welche sämmtlich dies n besassen. So natürlich auch eine solche neuschöpfung wäre, so scheint es mir nach dem oben über idg. ēi̯, ēu̯ > ē gesagten ebensogut möglich zu sein, dass lautgesetzlich beide formen im idg. neben einander lagen, indem der schwund des n nur vor bestimmten consonanten gesetzlich eintrat und man daher im satze bald diese, bald jene form gebrauchte. Wie dem auch sein mag, die germ. nominative beruhen teils auf n-losen formen, teils auf denen mit n. Ags. afr. hona, as. ahd. hano gehen auf

germ. *χαuου zurück. Got. *hana*, welches an sich ebensogut
germ. *χαnō wie *χαnē sein könnte, wird wol die letztere form
repräsentieren wegen der entschiedenen vorliebe des got. für
die *e*-formen, zumal durch das nordische das vorhandensein
der endung -*ē* auf germanischem boden sichergestellt ist. An.
hane > *hani* kann nur < germ. *χαnē sein. Die beispiele auf
den runeninschriften zeigen merkwürdigerweise -*a*: *winila*,
ninwila, *m(ar)ila*, *hariŋa*, *run(i)ŋa*, *au(i)ŋa*, *hauiuha*, *fauauisa*.
Da wir run. *e* bereits als vertreter des urgerm. *ē* kennen ge-
lernt haben, während an. *a* unbetontes germ. *ō* vertritt, so scheint
hier die interessante tatsache vorzuliegen, dass man im ältesten
nordisch die -*ē*- und -*ō*-form promiscue noch neben einander
gebrauchen konnte und früher letztere das übergewicht hatte,
wenigstens mundartlich, später die erstere durchdrang.

7. Ganz ebenso wie der nom. sing. der masculinen *en*-
stämme wird der der *er*-stämme behandelt. Auch hier lagen
schon idg. neben einander die endungen -*é'r* und -*ō'r*, -*ē'* und
ō'. Wenn in diesem falle alle germ. sprachen die *e*-form
haben, so kommt das daher, dass von den 5 wörtern (*vater*,
mutter, *tochter*, *bruder*, *schwester*), welche im germ. noch der
er-declination folgen, 3 (*vater*, *mutter*, *tochter*) nach ausweis
des Vernerschen gesetzes in übereinstimmung mit dem alt-
indischen accent idg. auf der zweiten silbe betont waren, daher
die *e*-flexion hatten; diese drei zogen auch die anderen beiden nach
sich, so dass ein einheitliches germ. paradigma hergestellt wurde.
Einer germ. grundform *fadēr entsprechen an. *faðer* > -*ir*, ags.
fæder, afr. *feder*, as. *fader*, ahd. *fater* (> -*ir*). Auszumachen ist
natürlich in keinem falle, ob das auslautende *r* alt ererbt oder
erst aus den anderen casus hergeholt ist. Got. *fadar*[1]) muss
eine analogiebildung sein; denn urgerm. *fadēr hätte got. *fadèr,
urgerm. *fadē hätte got. *fada ergeben müssen. Das *r* scheint
an *fada erst auf gotischem boden von den anderen casus
aus neu hinzugetreten zu sein.

---

[1]) Vgl. s. 31, anm. Nicht mit dem -*ar* von *fadar* zu vergleichen ist
mit Brugman, Curtius Studien IX, 374 ff. *karkara* und *lukarn*; denn *ar*
< *er* ist vulgärlat.

Lebenslauf.

Ich, Otto Bremer, bin am 22. november 1862 in Stralsund geboren, wo mein vater buchhändler ist. Den ersten unterricht erteilte mir meine mutter. Nachdem ich ein jahr lang auf einer vorschule gewesen, kam ich michaelis 1871 auf das gymnasium meiner vaterstadt und verliess dasselbe ostern 1881 mit dem zeugnis der reife.

Meine eltern liessen mir freie wahl in meinem studium. Ich entschied mich für deutsche philologie und vergleichende sprachwissenschaft, wozu ich schon seit meinem 15. lebensjahre eine besondere neigung gefasst hatte. Im april 1881 ging ich auf die universität Leipzig, nach 3 semestern nach Berlin und im sommer nach Heidelberg, um michaelis 1883 wider nach Leipzig zurückzukehren.

Ich habe diese 8 semester hauptsächlich germanistik und sprachvergleichung studiert, daneben die ersten 4 semester auch ältere deutsche geschichte. Vorlesungen hörte ich bei den herrn professoren Arndt, Bartsch, Brandes, Bresslau, Brugmann, Caspari, Ebert, Edzardi, Kuno Fischer, Heinze, Hildebrand, Leskien, Mommsen, Müllenhoff, Osthoff, Scherer, Settegast, Windisch, Wülcker, Zarncke, Zupitza und bei den herrn privatdocenten dr. v. Bahder und Techmer.

Dem deutschen seminare des herrn prof. Zarncke habe ich die ehre seit michaelis 1883 als ordentliches mitglied anzugehören. 3 semester war ich in der ausserordentlichen abteilung des deutschen seminars unter leitung des herrn prof. Zarncke und dr. v. Bahder. An den übungen der grammatischen gesellschaft des herrn prof. Curtius nahm ich während zweier

Druckfehler.

S. 11, z. 10 lies ⋖ statt ⋗.

S. 13, letzte zeile lies *e* statt *e*.

S. 15, z. 13 v. u. beginnt mit 'Wir haben' ein neuer absatz.

S. 16, anm.²) lies *ŏn* statt *ŏ*.

S. 18, z. 13 hinter Βαδομάριος lies . statt , .

S. 30, z. 11 v. u. lies 'welchem' statt 'welchen'.

S. 31, z. 3 lies *ię̆r* statt *ię̆r*.

S. 32, z. 13 v. u. lies *o ué i-* statt *o ué i-*.

S. 32, z. 9 v. u. fehlt zwischen *hired* und *hinrædcn* ein komma.

S. 38, z. 1 lies *agné i* statt *agne i*.

S. 39, z. 1 lies *χanŏn* statt *χanon*.

S. 39, z. 4 v. u. lies *faðĕr* statt *faðĕr*.